Alexander Behnke

Anbindung eines Unternehmens an das Internet

Alexander Behnke

Anbindung eines Unternehmens an das Internet

Diplom.de

Bibliografische Information der Deutschen Nationalbibliothek:

Bibliografische Information der Deutschen Nationalbibliothek: Die Deutsche
Bibliothek verzeichnet diese Publikation in der Deutschen Nationalbibliografie;
detaillierte bibliografische Daten sind im Internet über http://dnb.d-nb.de/ abrufbar.

Copyright © 1998 Diplomica Verlag GmbH
Druck und Bindung: Books on Demand GmbH, Norderstedt Germany
ISBN: 978-3-8386-0920-1

http://www.diplom.de/e-book/216820/anbindung-eines-unternehmens-an-das-
internet

Alexander Behnke

Anbindung eines Unternehmens an das Internet

Diplomarbeit
an der Fachhochschule München
März 1998 Abgabe

Diplomarbeiten Agentur
Dipl. Kfm. Dipl. Hdl. Björn Bedey
Dipl. Wi.-Ing. Martin Haschke
und Guido Meyer GbR

Hermannstal 119 k
22119 Hamburg

agentur@diplom.de
www.diplom.de

ID 920
Behnke, Alexander: Anbindung eines Unternehmens an das Internet / Alexander Behnke -
Hamburg: Diplomarbeiten Agentur, 1998
Zugl.: München, Fachhochschule, Diplom, 1998

Dipl. Kfm. Dipl. Hdl. Björn Bedey, Dipl. Wi.-Ing. Martin Haschke & Guido Meyer GbR
Diplomarbeiten Agentur, http://www.diplom.de, Hamburg
Printed in Germany

Diplomarbeiten Agentur

Wissensquellen gewinnbringend nutzen

Qualität, Praxisrelevanz und Aktualität zeichnen unsere Studien aus. Wir bieten Ihnen im Auftrag unserer Autorinnen und Autoren Wirtschaftsstudien und wissenschaftliche Abschlussarbeiten – Dissertationen, Diplomarbeiten, Magisterarbeiten, Staatsexamensarbeiten und Studienarbeiten zum Kauf. Sie wurden an deutschen Universitäten, Fachhochschulen, Akademien oder vergleichbaren Institutionen der Europäischen Union geschrieben. Der Notendurchschnitt liegt bei 1,5.

Wettbewerbsvorteile verschaffen – Vergleichen Sie den Preis unserer Studien mit den Honoraren externer Berater. Um dieses Wissen selbst zusammenzutragen, müssten Sie viel Zeit und Geld aufbringen.

http://www.diplom.de bietet Ihnen unser vollständiges Lieferprogramm mit mehreren tausend Studien im Internet. Neben dem Online-Katalog und der Online-Suchmaschine für Ihre Recherche steht Ihnen auch eine Online-Bestellfunktion zur Verfügung. Inhaltliche Zusammenfassungen und Inhaltsverzeichnisse zu jeder Studie sind im Internet einsehbar.

Individueller Service – Gerne senden wir Ihnen auch unseren Papierkatalog zu. Bitte fordern Sie Ihr individuelles Exemplar bei uns an. Für Fragen, Anregungen und individuelle Anfragen stehen wir Ihnen gerne zur Verfügung. Wir freuen uns auf eine gute Zusammenarbeit

Ihr Team der *Diplomarbeiten* Agentur

Dipl. Kfm. Dipl. Hdl. Björn Bedey –
Dipl. Wi.-Ing. Martin Haschke ——
und Guido Meyer GbR ————

Hermannstal 119 k ————
22119 Hamburg ————

Fon: 040 / 655 99 20 ————
Fax: 040 / 655 99 222 ————

agentur@diplom.de ————
www.diplom.de ————

Inhaltsverzeichnis

Danksagung

Bei Herrn Prof. Dr. W. Marke möchte ich mich für die Betreuung dieser Diplomarbeit bedanken.

Mein besonderer Dank gilt Frau und Herrn Zenk, die mich jederzeit, mit großem zeitlichen Aufwand, beim Korrekturlesen und bei technischen Fragen zu dieser Arbeit unterstützt haben.

1. Vorwort

Im Zuge der steigenden Popularität des World Wide Web (WWW) entwickelte sich, seit der Einführung 1990/1991, ein wahrer Run auf das Internet. Viele Firmen und auch private Computernutzer erkannten, daß sich dieses Medium als Werbeträger bzw. Informationsquelle hervorragend nutzen läßt. Diese Erkenntnis breitete sich rasch aus, so daß das Internet einen Boom erlebte, ja sogar zu einem Motor der Informationstechnologie geworden ist.

Mit der weiten Verbreitung des Internets erkannten viele Unternehmen, daß das Internet kostspielige Serviceleistungen übernehmen kann. Einige Beispiele:

Kundensupport: Teure Hotlines können ganz oder teilweise durch eine Knowledge-Base im WWW ersetzt werden.

Online Shopping: Teile des Bestellwesens können Online über das WWW abgewickelt werden. Angebote können einfach und billig präsentiert werden, die Kunden können einfach und schnell bestellen.

Update Service: Software-Updates müssen nicht mehr mittels Datenträger versandt werden. Die Kunden können sich Software-Updates über das Internet herunterladen.

Bei der Verbindung mehrerer geographisch entfernter Unternehmens-Netzwerke über das Internet, sogenannte *Extranets*, ist das Internet auch von Vorteil: Der Netzwerkverkehr zwischen den einzelnen Unternehmens-Netzwerken kann kostengünstig über das öffentliche Netzwerk Internet übertragen werden. Es ist also nicht mehr notwendig, Standleitungen zwischen den Zweigstellen eines Unternehmens zu betreiben. Als Synergieeffekt können im Unternehmen die Dienste des Internets genutzt werden. Extranets werden in der Fachterminologie oft synonym mit *Virtual Private Networks* bezeichnet.

Viele Unternehmen betreiben *Intranets* zur internen Kommunikation, d.h. sie nutzen Techniken des Internets in ihrem eigenen, lokalen, Netzwerk. Dokumentationen, Mitteilungen werden zum Beispiel über das lokale Web verbreitet, Mitarbeiter kommunizieren mit Electronic Mail. Durch die Anbindung des lokalen Intranets an das Internet werden diese Möglichkeiten auch auf Geschäftspartner oder auf Zweigstellen des Unternehmens ausgeweitet.

Mit dem Entschluß eines Unternehmens, sich an das Internet anzubinden, treten eine Vielzahl von Fragen auf. Einige dieser Fragen sind:

- Was sind die technischen Voraussetzungen?

- Wie hoch sind die Kosten?

- Welche Sicherheitsrisiken ergeben sich für mein lokales Netzwerk?

Ziel dieser Arbeit ist es, diese Fragen zu beantworten und den notwendigen technischen Hintergrund zu vermitteln.

2. Internet

Das Internet ist das größte Rechner-Netzwerk der Welt. Es verbindet mehrere Millionen Rechner miteinander. Die Funktionen und Struktur dieses Netzwerkes soll in diesem Kapitel erläutert werden, indem die geschichtlichen und technischen Hintergründe des Internets betrachtet werden.

2.1. Geschichte

Das Internet basiert auf dem Forschungsprojekt ARPANET des amerikanischen Verteidigungsministeriums aus dem Jahr 1969 [28], das die heterogenen Rechnerwelten des Verteidigungsministeriums verbinden sollte. Das Netzwerk ARPANET war konzipiert, um teilweise Ausfälle von Netzwerkverbindungen (Bombenangriffe) ohne Störungen zu verkraften. Ohne Eingriff eines Administrators sollte eine ausgefallene Netzwerkstrecke durch einen alternativen Weg zwischen den kommunizierenden Rechnern ersetzt werden (sogenanntes *Routing*). Jeder Rechner eines Netzwerks sollte mit jedem anderen, an das Netzwerk angeschlossenen Rechner, kommunizieren können. Mit diesen Vorgaben entstand die Internet Protokoll Suite TCP/IP (Transmission Control Protocol / Internet Protocol) als Netzwerkprotokoll.

Mit der Entwicklung von TCP/IP wurden Basisdienste für Dateiübertragung, Elektronische Post und Remote Login entwickelt, die schnell auf allen verfügbaren Plattformen implementiert wurden. Parallel dazu entwickelte die Universität von Kalifornien das Betriebssystem UNIX, das TCP/IP als Netzwerkprotokoll implementiert hatte. Diese beiden Entwicklungen trugen maßgeblich zur schnellen Verbreitung von TCP/IP bei, so daß sich TCP/IP bis heute zu einem De-facto-Standard weiterentwickeln konnte.

In den gleichen Zeitraum fallen die Bemühungen der International Standardisation Organisation (ISO) die Rechnerkommunikation zu standardisieren. Das resultierende ISO/OSI Referenzmodell und die zugehörigen Implementierung eines OSI-Protokolls wurden von der Verbreitung des TCP/IP überholt, so daß das siebenschichtige ISO/OSI Referenzmodell heute nur noch die Bedeutung hat, die technischen Vorgänge in einer Netzwerkapplikation zu beschreiben.

Mit der Gründung des NSFNET Ende der 80er Jahre durch die National Science Foundation (NSF; eine Organisation der U.S. Verwaltung) wurde der Grundstein für das Internet gelegt. Die NSF verband damals ihre fünf Großrechenzentren mit

3

einem, auf TCP/IP basierenden, Netzwerk und schuf für Universitäten Zugänge zu diesem Netz. Später wurde der Betrieb des Netzes den privaten Unternehmen Merit Network Inc., IBM und MCI übertragen. Diese Betreiber erlaubten auch anderen Unternehmen, ihre Netze an das NSFNET anzuschließen, so daß bis heute über 100.000 autonome Netze an das NSFNET angeschlossen sind. Aus diesem Grund wird das Internet auch als das "Netz der Netze" bezeichnet. Zum Internet gehören die Rechner, welche die TCP/IP Protokolle beherrschen und eine Verbindung zum NSFNET haben. Andere große Netzwerke mit eigenen Protokollen (Bitnet, DECnet, etc.) entwickelten Methoden, ihre Protokolle auf TCP/IP umzusetzen, so daß auch diese zum Internet gehören. Die Umsetzung geschieht in der Regel transparent mit Hilfe von Gateways.

Gateways sind Rechner, die Verbindung zu zwei Netzwerken haben und das Netzwerkprotokoll des einen Anschlusses in das Netzwerkprotokoll des anderen Anschlusses konvertieren können. In der TCP/IP Terminologie werden auch Router als Gateways bezeichnet, dies ist aber eigentlich nicht korrekt, da Router nur Daten zwischen Netzen mit gleichem Netzwerkprotokoll transportieren können.

2.2. Struktur und Administration

Das Internet wuchs, indem sich immer mehr privat betriebene Netzwerke anschlossen. Die Eigentumsverhältnisse der angeschlossenen Netze blieben davon unberührt. Zugang zum Internet zu haben heißt, Zugang zum Netzwerk eines Unternehmens zu haben, das an das Internet angeschlossen ist. Netzwerkbetreiber, die Zugang zum Internet verkaufen, werden in der Fachterminologie Internet Service Provider (**ISP**) genannt. Als Beispiel ist in Abbildung 1 die Topologie des Eunet-Netzwerkes (inzwischen von Uunet aufgekauft) dargestellt.

Das Internet wird von seinen Benutzern selbst verwaltet. Dazu wurden Arbeitsgruppen gebildet, deren Teilnehmer sich aus der Benutzerschaft rekrutieren. Jedem Internet-Benutzer steht es frei, sich an den Arbeitsgruppen zu beteiligen. Insbesondere Firmen der Informationstechnologie beteiligen sich an diesen Arbeitsgruppen, um schon sehr früh Einfluß auf die Entwicklung nehmen zu können.

Das höchste Entscheidungs-Gremium für das Internet ist das Internet Activities Board (**IAB**). Es verabschiedet neue Standards und entscheidet bezüglich der Adressvergabe. Grundlage für die Entscheidungen des IAB sind die Ausarbeitungen

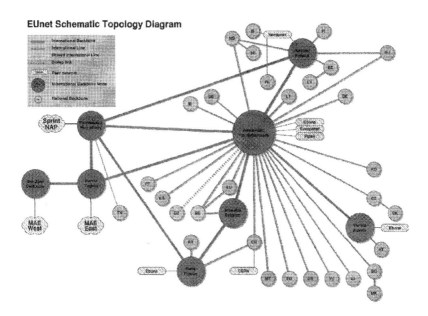

Abbildung 1: Internationales Backbone-Netz des Internet Service Providers Eunet (Ende 1997 wurde Eunet von Uunet aufgekauft)[20]

der Internet Engineering Task Force (**IETF**), in der alle Arbeitsgruppen zusammengefaßt sind. Die Ausarbeitungen, Protokolle und Vorschläge der IETF werden in den sogennannten *Request for Comments* (**RFC**) veröffentlicht[1] . Ausführende Organe des IAB sind die *Network Information Center* (**NIC**) und die *Network Operation Center* (**NOC**), die in internationale, nationale und regionale Organisationen untergliedert sind.

Aufgabe der NICs ist die Vergabe und Koordination von Adressen. Das internationale NIC (**InterNIC**) vergibt ganze Adressbereiche an die Unterorganisationen, z.B. an das **RIPE-NIC** (Reseaux IP Europeens -NIC), das wiederum Adressbereiche an das **DE-NIC** (deutsches NIC) vergibt. Das DE-NIC vergibt die zugeteilten Adressen an die Internet Benutzer in Deutschland.

Mit NOC wird die Verwaltungsinstanz eines autonomen Teil-Netzwerkes bezeichnet.

2.3. Technik

Nachdem im vorhergehenden Abschnitt die Geschichte und Struktur des Internets erläutert wurde, soll im folgenden erläutert werden, welche technischen Methoden es ermöglichen, ein Netzwerk dieser Größe zu betreiben.

2.3.1. ISO/OSI Referenzmodell

Das ISO[2]/OSI[3] Referenzmodell hat in der Praxis keine große Bedeutung mehr, ist aber für das Verständnis der Vorgänge bei der Kommunikation über ein Netzwerk unerläßlich. Es teilt den Datenaustausch in einem Netzwerk in Schichten (Layer) auf, die jeweils spezielle Aufgaben haben. Die Aufgaben werden der übergeordneten Schicht als Dienst angeboten, auf den durch sogenannte *Service Access Points* (**SAP**) zugegriffen werden kann. SAPs werden auch für den Seiteneinstieg in eine Schicht genutzt. Die Kommunikation zwischen zwei Rechnern erfolgt immer zwischen gleichen Ebenen im Schichtenmodell. Die Anordnung der Schichten im ISO/OSI-Referenzmodell zeigt Abbildung 2.

---

[1] ftp://ftp.internic.net/rfc
[2] International Standardisation Organisation
[3] Open Systems Interconnect

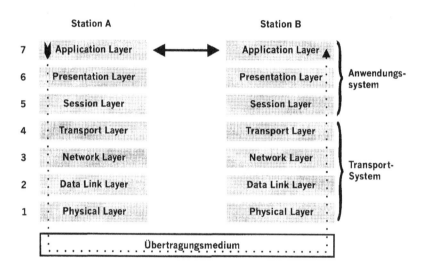

Abbildung 2: Schichten des ISO/OSI Referenzmodells

Physical Layer

Der Physical Layer, auch Bitübertragungsschicht genannt, hat die Aufgabe, Bitströme über ein Transportmedium zu übertragen. Die mechanischen (Kabel- und Steckerspezifikationen) und elektrischen (zeitliche Abläufe, Meßgrößen, etc.) Eigenschaften des Übertragungsmediums sind hier definiert.

Data Link Layer

In der deutschen Terminologie wird diese Schicht häufig als Verbindungsschicht oder Sicherungsschicht bezeichnet. Zu den Aufgaben gehören:

- Aktivierung , Überwachung und Deaktivierung der Verbindung.

- Aufteilung des Datenstroms in Datenpakete (Frames).

- Erkennung und Beseitigung von Übertragungsfehlern.

- Synchronisation der verbundenen Einheiten.

- Steuerung der Reihenfolge der Frames.

Network Layer

Der Network Layer (Netzwerkschicht) ermöglicht den Austausch binärer Daten zwischen nicht direkt miteinander verbundenen Stationen. Dazu ist folgendes notwendig:

- Eindeutiges Adressierungsschema für die Stationen.

- Mechanismen für den Auf- und Abbau von logischen Verbindungen zwischen den Stationen. Hierzu ist insbesondere eine Wegsteuerung (Routing) notwendig.

Logische Verbindungen können z.B. durch virtuelle Kanäle oder Paketvermittlung realisiert werden.

Virtuelle Kanäle: Mit Hilfe des Data Link Layers wird eine Verbindung zwischen Sender und Empfänger aufgebaut, die exklusiv für ihre Datenpakete zur Verfügung steht. Datenpakete, die über diese Verbindung übertragen werden, benötigen weder Routing noch Sender- oder Empfängeradressen.

8

Paketvermittlung: Die zwischen Sender und Empfänger zu übertragenen Daten werden in Teilstücke (Pakete) aufgeteilt und einzeln versandt. Jedes Paket enthält die Absender- und Empfängeradresse und wird unabhängig von den anderen übertragen. Der Weg zum Empfänger wird für jedes Paket einzeln ermittelt, so daß die Pakete beim Empfänger nicht unbedingt in der Sendereihenfolge ankommen müssen. Deshalb müssen zusätzliche Maßnahmen getroffen werden, die es ermöglichen, daß zusammengehörige Pakete beim Empfänger in der richtigen Reihenfolge zusammengefügt werden können.

Transport Layer

Die Nachrichtenübermittlung zwischen logischen Benutzern ermöglicht der Transport Layer (Transportschicht). Logische Benutzer sind in der Regel Prozesse, die auf dem Sender- bzw. Empfängerrechner laufen. Der Nachrichtenaustausch auf Ebene der Transportschicht soll dabei die Mechanismen der darunterliegenden Schichten verbergen.

Logische Benutzer werden durch Transportadressen identifiziert, die in entsprechende Knoten-Adressen der Netzwerkschicht umgesetzt werden können. Die Netzwerkschicht überträgt Datenpakete nur bis zu einer bestimmten Größe, so daß die Nachrichten der Transportschicht in mehrere Datenpakete zerlegt werden müssen. Zur Fragmentierung der Nachrichten beim Sender und anschließenden Defragmentierung beim Empfänger muß die Transportschicht Funktionen zur Verfügung stellen.

Session Layer

Der Session Layer (Sitzungsschicht) ist die erste Schicht des Anwendungssystems überhalb des Transportsystems. Sie steuert den Verbindungsauf- und -abbau der Verbindungen über die Transportschicht. In der Sitzungsschicht werden Mechanismen implementiert, die die notwendigen Verbindungen kontrollieren. So wird z.B. bei einer Leitungsunterbrechung die Verbindung, durch die Dienste des Session Layers, wieder aufgebaut.

Presentation Layer

Diese Ebene setzt verschiedene Darstellungsformate um. Durch die Definition eines neutralen Darstellungsformats der Daten für die Übertragung, können Informationen zwischen inkompatiblen Systemen ausgetauscht werden. Der Präsentation Layer hat die Aufgabe, die Daten von dem neutralen Darstellungsformat in das Darstellungsformat des Application-Layers – und umgekehrt – umzusetzen.

Der ASCII-Zeichensatz als Übertragungsformat für das Telnet-Protokoll ermöglicht z.B. eine Verständigung zwischen ASCII und EBCDIC Welten, in dem der Presentation Layer der Telnet Anwendung die Übersetzung von ASCII nach EBCDIC - und umgekehrt - vornimmt.

Application Layer

Die, in der deutschen Terminologie Applikationsschicht genannte Ebene, ist die Schnittstelle zu Applikationen. Zur Applikationsschicht gehören Protokolle wie zum Beispiel das File Transfer Protocol (FTP) oder das Simple Mail Transport Protocol (SMTP).

2.3.2. TCP/IP

Die TCP/IP Protokollfamilie hat sich, trotz einer fehlenden Standardisierung, aufgrund der weiten Verbreitung als De-facto-Standard durchgesetzt. Dabei war die Universalität, die Flexibilität und - vor allem - der Einsatz im Internet ausschlaggebend. Praktisch jeder Hersteller bietet TCP/IP für seine Produkte an, so daß es ein ideale Grundlage für den einfachen Aufbau von heterogenen Netzwerken bietet.

Abbildung 3 zeigt die wichtigsten Protokolle innerhalb der TCP/IP-Protokollfamilie und deren Zuordnung zu den Schichten des ISO/OSI Referenzmodells.

Im Einsatz ist momentan die Version 4 des Internet Protocols (IPv4). Die steigende Zahl der Rechner und gestiegene Sicherheitsforderungen erforderten Verbesserungen, so daß die IETF eine neue Version des Internet Protokolls entwickelte. Die Version 6 (IPv6) beseitigt den Mangel an IP-Adressen und definiert Methoden für gesicherte Übertragung von Daten bereits auf der Netzwerkschicht. Im Laufe der nächsten Zeit wird versucht werden, fließend auf IPv6 migrieren. Aus diesem Grund ist im folgenden IPv4 beschrieben. Anschließend werden die Änderungen von IPv6 näher erläutert.

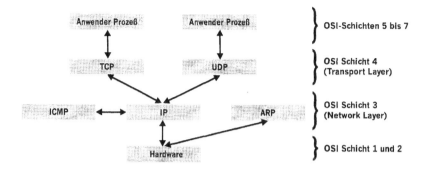

Abbildung 3: Schichten der TCP/IP Protokollsuite

2.3.2.1. Netzschicht (IPv4)

Internet Protokoll (IP)

IP implementiert die OSI Schicht 3 (Network Layer) als paketvermittelnden Dienst. Die Transporteinheit für IP ist das Datagramm. Datagramme sind Blöcke binärer Information, die als Einheit vom Sender zum Empfänger übertragen werden. Ein Datagramm enthält dabei Nutzdaten (Payload) und Steuerinformationen (Header).

Das Internet Protokoll ermöglicht den Transport von Datagrammen über mehrere, miteinander verbundene Netzwerke. Dabei werden die Datagramme von Zwischenstationen (Routern) von Netzwerk zu Netzwerk weitervermittelt, bis das Datagramm im Netzwerk des Empfängers angekommen ist und zugestellt werden kann.

Router verbinden mehrere Netzwerke miteinander und vermitteln Datagramme auf Ebene der Netzwerkschicht (OSI-Schicht 3) von einem Netzwerk in das andere. Die Paketvermittlung basiert auf dem Adressierungsschema von IP.

Adressierung

IP-Adressen sind immer 32 Bit lang. In der Regel werden sie als vier, durch einen Punkt getrennte Zahlen dargestellt (z.B. 192.162.1.1). Dabei steht jede Zahl für je 8 Bits der Adresse. Aus den drei höchstwertigen Bits kann die IP-Software automatisch die Netzmaske der IP-Adresse generieren. Die Netzmaske gibt an, welcher Teil einer IP-Adresse die Netzwerkadresse enthält. Die Netzwerkadresse wird gewonnen, indem das binäre UND aus Netzmaske und IP-Adresse berechnet wird. Ein Rechner mit der IP-Adresse 192.162.1.10 und der Netzmaske 255.255.255.0 hat zum

Beispiel die Netzwerkadresse 192.162.1.0.

Die Zuordnung der IP-Adresse zu Netzwerkklassen und Netzmasken ist dabei wie folgt:

- Bitmuster 0XXX ... XXX (Klasse A): Die 8 höchstwertigen Bits der Adresse enthalten die Netzadresse, die verbleibenden 24 Bit identifizieren den Host. Die zugehörige Netzmaske ist 255.0.0.0. Es sind 128 Netze mit je 16.777.216 Hosts adressierbar.

- Bitmuster 10XXX ... XXX (Klasse B): Die 16 höchstwertigen Bits der Adresse enthalten die Adresse des Netzwerks (Netzmaske 255.255.0.0). Die Host-Adressen sind 16 bit lang. Es sind 16.384 Netze mit je 65.535 Hosts adressierbar.

- Bitmuster 110XXX ... XXX (Klasse C): 24 Bit lange Netzwerkadressen, 8 Bit lange Host-Adressen. Die Netzmaske lautet 255.255.255.0. Es sind 2.097.152 Netze mit je 255 Hosts sind adressierbar.

Die vorgegebene Klasseneinteilung kann durch die manuelle Wahl einer geeigneten Netzmaske umgangen werden.

Wird zum Beispiel die Netzmaske 255.255.255.240 für die IP-Adresse 62.222.1.129 (Klasse A) angegeben, so ist der adressierte Rechner Teil des Netzwerkes 62.222.2.128 . In diesem Netzwerk können 14 Rechner adressiert werden. Prinzipiell sind mit dieser Netzwerkadresse 16 Rechner adressierbar, die erste Adresse des Netzwerks (in diesem Beispiel 62.222.1.128) wird jedoch als Netzwerkadresse benötigt, die letzte Adresse (in diesem Beispiel 62.222.1.143) wird für Broadcasts benötigt.

Ein Broadcast ist eine Rundspruchnachricht, die gleichzeitig an alle Rechner eines Netzwerkes versandt wird.

IP garantiert keinen zuverlässigen Transport der Pakete. Ein IP-Datagramm ist maximal 64 KB groß, die Konsistenz des Inhalts wird nur durch eine einfache Prüfsumme innerhalb eines Datagramms gewährleistet. Wird ein Prüfsummenfehler oder ein Fehler im Datagramm-Header festgestellt, so wird das Datagramm einfach verworfen. Jedes IP-Datagramm enthält Absender- und Empfängeradresse, so daß jedes Datagramm unabhängig von anderen zum Ziel gelangt. Übergeordnete

Protokollschichten müssen deshalb davon ausgehen, daß Datagramme nicht in der Sendereihenfolge ankommen.

Insbesondere bei Routern kann es vorkommen, daß sie ein IP-Datagramm von einem Netz in das andere vermitteln müssen, das Zielnetz aber, aufgrund protokollspezifischer Einschränkungen, das Datagramm nicht in einem Stück übertragen kann. Das Datagramm muß dann in mehrere Teile zerlegt (fragmentiert) werden. Der Empfänger des Datagramms erkennt dies an der gesetzten *More Fragments* Option. Jedes Fragment wird in einem eigenen Datagramm übertragen, die Position innerhalb des Original-Datagramms läßt sich aus der, im IP-Header angegebenen, Position des Fragments im Original-Datagramm (Offset) bestimmen. Bevor der Empfänger das Datagramm verarbeitet, muß er alle Fragmente erhalten und defragmentiert haben.

Die Maximum Transmission Unit (MTU) bezeichnet die maximale Größe eines Frames, der über ein physikalisches Transportmedium übertragen werden kann. Ein Frame ist die Transporteinheit der Data Link Layer. In dem der IP-Software durch die MTU die maximale Größe eines IP-Datagramms bekannt ist, die über die darunterliegende Netzwerkschichten übertragen werden kann, wird überflüssige Fragmentierung vermieden. Ethernet hat zum Beispiel eine MTU von 1518 Bytes, ein Token Ring Netzwerk eine MTU von 4202 Bytes.

Routing

Anhand der Netzmaske und der Ziel-IP-Adresse kann die IP-Software die Adresse des Netzwerkes bestimmen, in dem der Zielrechner liegt. Liegt die Ziel-IP-Adresse innerhalb des eigenen Netzwerks, so erfolgt die Zustellung des IP-Datagramms direkt durch die Netzwerkschicht. Liegt jedoch die Ziel-Adresse außerhalb des eigenen Netzwerks, so muß der Sender den Weg zum Empfänger auf andere Weise ermitteln (Routing). Zu diesem Zweck hält jeder Host eine lokale Routing-Tabelle. Diese Tabelle enthält Einträge, die bestimmen, welches Netzwerk über welche Zwischenstation (Router) erreicht werden kann. Neben speziellen Einträgen, die einer Netzwerkadresse direkt einen Router zuweisen, enthält diese Tabelle einen sogenannten default-Eintrag. Der default-Eintrag bestimmt einen Router, zu dem alle IP-Datagramme gesandt werden, für die kein spezieller Eintrag vorhanden ist.

Der Router übernimmt dann selbstständig die Weiterleitung des IP-Datagramms nach dem selben Prinzip. Zusätzlich zu den statischen Einträgen der hosts-Datei verfügen Router über die Möglichkeit, Einträge in die Routing-Tabelle dynamisch zu generieren. Dies ist durch spezielle Protokolle wie das Routing Information Protocol (RIP), das Exterior Gateway Protocol (EGP) oder das Border Gateway Protocol (BGP) möglich.

IP (Version 4 und 6) bietet die Möglichkeit des *source based routings*. Ist in einem IP-Datagramm die *Source Route* Option gesetzt, so wird der Weg, den das Datagramm benutzen muß, fest vorgegeben. Aus Sicherheitsgründen sollten Router so konfiguriert sein, daß sie IP-Datagramme mit dieser Option nicht weiterleiten.

Internet Control Message Protocol (ICMP)

ICMP ist ein einfaches Protokoll, das eine minimale Steuerung des IP-Verkehrs ermöglicht. Es ist dem Internet Protokoll nicht übergeordnet, vielmehr ist es ein Teil davon. ICMP-Messages werden in ein einzelnes IP-Datagramm verpackt.

Die wichtigsten ICMP-Messages sind:

- *Destination Unreachable*: Unereichbarkeit eines Ziel-Hosts.

- *Redirect*: Ein Gateway signalisiert einem Host oder einem anderen Gateway, daß eine kürzere Route zum Ziel-Host existiert.

- *Echo*: Anforderung eines Hosts an den Ziel-Host ein Lebenszeichen zu senden. Der Zielhost antwortet auf den Empfang einer ICMP-*Echo*-Message durch Rücksendung einer *Echo Replay*-Message (auf diesen Nachrichten basiert das Programm ping).

- *Source Quench*: Anforderung an einen sendenden Host, Datagramme in größeren zeitlichen Abständen zu senden, da der Empfangspuffer nicht ausreicht.

Address Resolution Protokoll (ARP)

Hosts werden im TCP/IP auf Ebene 3 durch IP-Adressen identifiziert. Für die Hardwareschicht besteht jedoch die Notwendigkeit, IP-Adressen in Hardwareadressen (sogenannte MAC-Adressen) umzusetzen. Diese Aufgabe löst das ARP [37], in dem es für eine umzusetzende IP-Adresse einen Broadcast verschickt. Der Host mit der angefragten IP-Adresse schickt dem Sender eine Antwort im Form eines Datagramms. Aus dem Datagramm kann der Sender die gesuchte MAC-Adresse lesen,

d.h. einer IP-Adresse eine MAC-Adresse zuordnen. Zu beachten ist, daß ARP-
Anfragen das lokale Netzwerk nicht verlassen, da Broadcasts von Routern nicht
weitergeleitet werden.

Die mittels ARP gewonnenen Tabelleneinträge werden temporär zwischenge-
speichert (Caching) um die Anzahl der Anfragen gering zu halten. Die ARP-
Spezifikation verlangt, daß aus jedem gültigen Antwort-Datagramm ein Eintrag in
die Tabelle resultiert, auch wenn keine Anfrage stattgefunden hat (Zustandslosigkeit
des ARP).

2.3.2.2. Netzschicht (IPv6)

Das heute eingesetzte IPv4 ist bereits im September 1981 eingeführt worden. Seit
dieser Zeit haben sich die Anforderungen an das Internet Protocol sehr stark geändert.
Einige der wichtigsten Anforderungen sind:

- Die Anzahl der verfügbaren Netzwerkadressen ist fast ausgeschöpft.
  Mit der Version 4 von IP ist es theoretisch möglich, bis zu 4 Milliarden Rechner zu adressieren. Aus der Art und Weise, wie Netzwerkadressen in einer
  IP-Adresse codiert sind, resultiert jedoch eine Vielzahl ungenutzter Rechner-
  adressen. So unterhält das Amerikanische Verteidigungsministerium mehr als
  die Hälfte der Klasse A Netzwerke, betreibt aber vermutlich auf keinem der
  Netzwerke auch nur annähernd die Zahl von 16.777.216 Rechnern.

- Der Authentifizierungsmechanismus von IP ist nicht ausreichend.
  Bei der Kommunikation über das Netzwerkes authentisiert sich ein IP-Rechners
  durch seine IP-Adresse. Diese ist bei jedem Betriebssystem frei einstellbar.
  IPv4 bietet keine spezifizierte Möglichkeit, die Identität des Kommunikationspartners sicherzustellen.

- Es gibt keine Methoden der sicheren Übertragung.
  Sichere Übertragung bedeutet, daß sowohl die Vertraulichkeit, als auch die Un-
  versehrtheit einer Nachricht gewährleistet wird[43]. Dies bedeutet, daß Nachrichten weder von Unbefugten mitgelesen, noch verändert werden können.

IP Version 6 [15] wurde so konzipiert, diese Mängel soweit als möglich zu beseitigen. Bei der Erarbeitung der Spezifikation wurde darauf geachtet, einen Migra-
tionspfad von IPv4 auf IPv6 zu definieren, so daß der IP-Verkehr nach und nach

auf IPv6 umgestellt werden kann. Dies ist durch Tunneling von IPv4 in IPv6 und umgekehrt möglich.

Tunneling: Unter Tunneling versteht man den Transport von Protokoll A über LAN- und/oder WAN-Strecken, die Protokoll B als Transportprotokoll einsetzen. In diesem Fall stellt Protokoll B die Verbindungsschicht für Protokoll A dar.

Folgende grundlegenden Änderungen definiert IP Version 6:

- Definition eines neuen Adressierungsschemas.

  Die IP-Adressen werden von 32 Bit auf 128 Bit erweitert. Durch den vergrößerten Adreßraum ist es möglich, die Hierarchie der Adressen (Netz-Subnetz-Host) feiner zu untergliedern. Die automatische Konfiguration wird erleichtert, in dem z.b. MAC-Adressen direkt als Teil der IP-Adresse verwendet werden können (so wie dies bei IPX bereits der Fall ist).

- Möglichkeit des Flow Labeling und Angabe der Priorität eines IP-Datagramms.

  Durch *Flow Labeling* ist es möglich, alle IP-Datagramme zu kennzeichnen, die zu einer bestimmten Nachricht gehören. Vor allem Router haben dadurch die Möglichkeit, Datagramme einer Nachricht effizient zu bearbeiten, da die Wegwhl nur beim ersten Datagramm erfolgen muß. Für weitere IP-Datagramme mit identischem Sender, Empfänger und Flow Label kann die Route aus einem schnellen Cache-Speicher gelesen werden.

  Der IPv6-Header enthält ein *Priority* Feld. Mit diesem Feld ist es möglich, verschiedene Übertragungsprioritäten für das Datagramm festzulegen. So ist es zum Beispiel einem Router möglich, Datagramme mit Daten einer Echtzeitanwendung vorrangig zu bearbeiten. Bei niedriger Netzlast können dann z. B. Datagramme, die Mail enthalten weitergeleitet werden.

- Definition von sicheren Übertragungsmethoden.

  IPv6 definiert in [4] [3] Methoden, die eine sichere Übertragung garantieren. In [2] sind Methoden für IPv6 spezifiziert, die eine sichere Authentisierung zulassen.

16

2.3.2.3. Transportschicht

Die Internet Protokoll Suite stellt, wie aus Abbildung 3 ersichtlich ist, zwei verschiedene Protokolle der Transportschicht zur Verfügung: Das Transmission Control Protocol (TCP) und das User Datagramm Protocol (UDP). TCP ermöglicht eine verbindungsorientierte, und somit zuverlässige Verbindung mit kontinuierlichem Datenstrom, während UDP einen verbindungslosen, und somit unsicheren Datagrammdienst zur Verfügung stellt.

Beiden Protokollen gemein ist die Verwendung von sogenannten Portnummern, um mehrere Dienste mehrerer Prozesse auf einem Host "gleichzeitig" zu bedienen, bzw. zugehörige Prozesse zu identifizieren. Portnummern sind vorzeichenlose 16-bit Integers, die in verschiedene Bereiche aufgeteilt sind. Diese Bereiche sind:

- Well Known Ports: Die Portnummern 1-255 sind entsprechend RFC 1700 "Assigned Numbers" [41] bestimmten Diensten (Services) zugeordnet. So ist z.B. der TCP-Port 23 dem Telnet-Server-Dienst zugeordnet.

- Privilegierte Ports: Vor allem Unix Betriebssysteme lassen den Zugriff auf die Ports 1-1024 nur mit `root`-Rechten zu.

- Kurzlebige Ports: Diese werden von den Clients benutzt, um eine Verbindung zu einem anderen Host aufzunehmen. Sie werden von dem Client(-Prozeß) angefordert und bei Beenden der Aufgabe wieder freigegeben (Portnummern größer 1024).

Transmission Control Protocol (TCP)

Das Transmission Control Protokoll arbeitet auf der Schicht 4 des OSI-Referenzmodells. Es ermöglicht eine verbindungsorientierte Kommunikation zwischen zwei logischen "Benutzern". Zu diesem Zweck stellt das TCP-Protokoll Mechanismen für den Auf- und Abbau einer Verbindung zur Verfügung. Zur Übertragung werden einzelne TCP-Pakete durchnumeriert (sogenannte *Sequence Number*), um die korrekte Reihenfolge während des Transports beibehalten zu können. Diese *Sequence Number* wird mit jedem übertragenen Paket erhöht, der Startwert wird während des Verbindungsaufbaus festgelegt. Im TCP-Header ist eine Prüfsumme enthalten, so daß der Empfänger überprüfen kann, ob er ein Paket fehlerfrei empfangen hat. Der Empfänger bestätigt dem Sender jedes empfangene Paket. Die Absicherung des Daten-Transports rechtfertigt den notwendigen Protokoll-Overhead. Ist eine aufwendige Absicherung der Übertragung nicht notwendig, so kann auch das User Datagramm Protocol eingesetzt werden.

User Datagram Protocol (UDP)

Das User Datagramm Protocol entspricht ebenfalls der Schicht 4 des OSI-Referenz-modells, implementiert aber in diesem Fall eine verbindungslose Kommunikation. Da Sicherungsmechanismen fehlen, ist der Protokoll-Overhead relativ klein. Die Daten können dabei effizient und schnell übertragen werden. UDP basierte Anwendungen implementieren oft selbst eigene, einfache Mechanismen, die eine sichere Übertragung gewährleisten können.

2.4. Sicherheit von TCP/IP

Bei der Entwicklung von TCP/IP spielten Sicherheitsaspekte nur eine untergeordnete Rolle. Der Schwerpunkt bei der Entwicklung war die Sicherung der Kommunikation. Dies ist auch Ursache für gravierende Sicherheitsmängel im TCP/IP Konzept. Einige der schwerwiegendsten Sicherheitsmängel im TCP/IP-Konzept sind:

- Fehlende Authentisierung zwischen Kommunikationspartnern.

  Eine IP-Netzwerkstation wird durch seine IP-Adresse identifiziert. Da jedem Host jede IP-Adresse zugewiesen werden kann, ist diese Identifikation nicht ausreichend.

- Fehlende Möglichkeiten der verschlüsselten Übertragung.

  IP definiert keine Mechanismen, den Inhalt (Payload) eines IP-Datagramms verschlüsselt zu übertragen. Auf jedem Netzwerk, das ein Datagramm passiert, kann der Inhalt mitgelesen oder verändert werden. Im Klartext übertragene Paßwörter können zum Beispiel mitprotokolliert werden.

- Schwächen im TCP Handshake.

  Der Aufbau einer TCP-Verbindung erfolgt nach einem 3-Weg-Handshake. Der Verbindungsaufbau wird von dem Client initiiert (SYN-Flag), anschließend bestätigt der Server die Anfrage (SYN+ACK - Flag). Dieser Zustand wird als eine halb geöffnete Verbindung bezeichnet. Es liegt nun am Client die Bestätigung des Servers zu akzeptieren (ACK-Flag). Bestätigt der Client die

Verbindung nicht, wartet der Server bis zu 75 Sekunden, bis er die Anfrage von sich aus beendet.

Die ersten beiden ersten Mängel werden mit der Einführung von IPv6 beseitigt. Das TCP Handshake wird auch in Zukunft nur durch spezielle Maßnahmen (z.B. Firewalls) auf Applikationsebene abgesichert werden können.

2.5. Domain Name System (DNS)

Die Netzwerkstationen werden auf Ebene 3 generell durch IP-Adressen identifiziert. IP-Adressen werden in der Form **xxx.xxx.xxx.xxx** notiert. Für (menschliche) Benutzer ist eine Darstellung in dieser Form nicht praktisch. Zum einen sind Zahlenkombinationen nur schwer im Gedächtnis zu behalten, zum anderen verbirgt die numerische Darstellung von IP-Adressen Netzwerkstrukturen vor dem menschlichen Benutzer. So kann z.B. nur durch Berechnung des binären UND aus IP-Adresse und Netzmaske festgestellt werden, ob zwei IP-Adressen zum gleichen Netzwerk gehören.

Aus den genannten Gründen wurde das Domain Name System (DNS) entwickelt. Es erlaubt, Netzwerkstationen durch Fully Qualified Domain Namen (FQDN) zu adressieren. FQDN sind hierarchisch aufgebaute Namen, dessen Teile durch einen Punkt getrennt werden. Von links nach rechts wird der Name immer allgemeiner, d.h. rechts steht der allgemeinste Teil, die sogenannte *top-level-domain*, ganz links steht der Name des Rechners (Hostname). Der Rechner f7alpha1 mit dem FQDN f7alpha1.informatik.fh-muenchen.de ist Teil der Subdomain informatik.fh-muenchen.de. Diese ist wiederum Teil der Domain fh-muenchen.de, die der Top-Level-Domain .de angehört. Jede Ebene im DNS verwaltet dabei die Namensvergabe innerhalb ihrer Domain selbst. Diese dezentrale Verwaltung der Namen ist administrativ günstig und gewährleistet die Eindeutigkeit jedes Namens.

Um DNS-Namen in IP-Adressen aufzulösen, greifen die meisten Betriebssysteme auf eine Tabelle zurück. Diese Tabelle ist in der Regel auf einer lokalen Platte jede Rechners, in der Datei hosts, gespeichert und enthält zu jeder IP-Adresse den zugehörigen FQDN. Da es einen hohen administrativen Aufwand erfordert, die hosts Dateien aller Rechner eines Netzwerkes auf dem aktuellen Stand zu halten, wurde für das DNS-System der sogenannte Name-Server-Dienst entwickelt.

Die Auflösung von Domain Namen in eine IP-Adresse kann auf zwei unterschiedliche Arten erfolgen:

1. Tabelleneintrag der **hosts** Datei.

2. Anfrage an einen Name Server.

Ein Name Server ist einer Domain zugeordnet und verwaltet für diese zentral die Tabelle zur Umsetzung von DNS-Namen in IP-Adressen. Fragt ein Client bei einem Name Server an, um einen FQDN aus der Domain des Name Servers aufzulösen, so kann die Anfrage direkt beantwortet werden. FQDN einer anderen Domain werden aufgelöst, indem der Name Server selbst bei dem Name Server der übergeordneten Domain anfragt und das Ergebnis dieser Anfrage zurückgibt.

Man beachte, daß auch dieser Mechanismus auf der Authentisierung durch IP-Adressen basiert. Gelingt es einem manipulierten Rechner, sich als Name Server auszugeben, so kann dieser zu den angefragten Namen beliebige IP-Adressen zurückgeben.

2.6. Electronic Mail

Als innerbetriebliches Kommunikationsmedium hat sich Electronic Mail (Email) seit längerer Zeit bewährt, da Nachrichten schnell, kostengünstig und direkt von Arbeitsplatz zu Arbeitsplatz gesendet werden können, ohne das Zwischenmedium Papier zu benutzen. Mit dem Internet erweitern sich die Möglichkeiten, mit den genannten Vorteilen, auch auf den außerbetrieblichen Bereich.

Email im Internet basiert auf dem Simple Mail Transport Protocol (SMTP) [40]. SMTP arbeitet nach dem store-and-forward Prinzip, d.h. die Mail wird auf dem Weg vom Sender zum Empfänger auf jedem zwischenliegenden Mailserver gespeichert (kann also prinzipiell dort gelesen werden!), der nächste Host auf dem Weg zum Ziel wird ermittelt, dann die Mail an diesen weitergeleitet. Der Ziel-Host speichert die Email dann in einer, nur für den Empfänger lesbaren, Mail-Datei. Transportaufgaben werden von sogenannten Mail Transfer Agents (MTA) verrichtet, ein Mail User Agent (MUA) erlaubt dem Benutzer seine Mail zu verwalten und z.B. neue Mails zu erstellen. Ein MUA stellt also ein Front-End für den MTA dar.

Email Adressen werden gemäß [13] gebildet: Der Benutzer-Name wird dem Empfänger-Host vorangestellt, getrennt durch ein @-Zeichen, z.B.

`abehnke@mailhost.zenk.de`. Wenn die angegebene Domain einen Name Server betreibt, der einen `MX` Record (Mail eXchange) propagiert, kann alternativ anstatt des Empfänger-Hosts auch nur der Domainname angegeben werden (z.B. `abehnke@zenk.de`). Der Sender MTA kann so über den Name Server erfragen, an welchen Host die Mail gesendet werden muß.

Jedes System, welches ein anderes Mail-Protokoll nutzt (z.B. GroupWise von Novell oder Exchange von Microsoft) muß ein spezielles Mail-Gateway als Übergang zu SMTP benutzen. Ein Mail Gateway ist eine Applikation, die mehrere Mail-Protokolle unterstützt und Mails von einem Protokoll in das andere umsetzen kann. SMTP wurde ursprünglich konzipiert, um Textdateien im 7-bit-ASCII-Format zu übermitteln. Der Forderung der Benutzer, verschiedene Dokumente mit Email übertragen zu können, wird SMTP schon lange nicht mehr gerecht. Aus diesem Grund entwickelte die IETF die Multipurpose Internet Mail Extensions [10] (MIME) als Erweiterung von SMTP. Mit MIME kann definiert werden, wie welche Dateitypen zum Empfänger übertragen und wie diese dort dargestellt werden sollen. Es ist zu beachten, daß MTAs einzelner Zwischenstationen Mails nur bis zu einer bestimmten Größe weiterleiten.

Wie bereits erwähnt, ist es an jeder Zwischenstation, die von einer Mail passiert wird, möglich, diese zu lesen bzw. inhaltlich zu verändern. Aus diesem Grund ist es ratsam geschäftskritische Daten nur verschlüsselt zu versenden.

2.7. Hypertext Transfer Protocol

Das Hypertext Transfer Protocol (HTTP) ist das Transportprotokoll, das zur Übermittlung von World Wide Web-Dokumenten verwendet wird. Das World Wide Web (siehe Abschnitt 9.1) ist um 1990 von einer CERN Arbeitsgruppe, unter Leitung von Tim Berners-Lee, entwickelt worden. Das WWW bietet Möglichkeiten, Dokumente einer verteilten Datenbank zu betrachten. Dabei können Querverweise (Links) von einem Dokument auf ein anderes interaktiv verfolgt werden. Durch eine einheitliche Dokumentbeschreibungssprache (HTML - HyperText Markup Language) wird die Plattformunabhängigkeit des Systems erreicht.

HTTP ist ein klassisches Client-Server System. Clients sind in diesem Fall Rechner oder Prozesse, die Dienste anderer Rechner oder Prozesse nutzen. Mit Server wird dabei ein System bezeichnet, das Dienste für den Client zur Verfügung stellt.

Typischerweise sind Web-Browser die Clients des WWW-Systems. Der Web-Browser stellt Anfragen an die Web-Server, z.B. nachdem ein Link ausgewählt wurde. Der Web-Server übermittelt das Dokument, das der Web-Browser dann darstellt (siehe Abbildung 4).

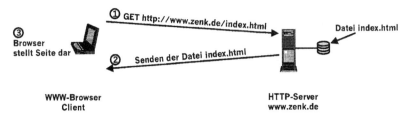

Abbildung 4: HTTP: Anfrage eines HTML-Dokumentes

Das HTTP-Protokoll verwendet TCP als darunterliegendes Transportprotokoll. Der Client stößt die Übertragung eines HTML-Dokumentes an, indem er eine TCP-Verbindung zum gewünschten Web-Server aufbaut und den Namen des Dokuments übergibt (GET-Methode). Der Server antwortet, in dem er das gewünschte Dokument überträgt und anschließend die TCP-Verbindung abbaut. Durch diese extrem kurzlebigen TCP-Verbindungen sollte vermieden werden, daß belastete Server eine große Anzahl offener Verbindungen verwalten müssen. Nachträgliche HTML-Erweiterungen ermöglichen jedoch, Dokumente so zu gestalten, daß diese aus mehreren einzelnen Dokumenten (Text, Bilder, Ton, etc.) zusammengesetzt sind. Für jedes Teil-Dokument muß eine TCP-Verbindung aufgebaut werden, so daß der Protokoll-Overhead sehr groß ist. Unter diesem Protokoll-Overhead leidet vor allem die Performance, die mit dem HTTP-Protokoll in der Praxis erreicht werden kann.

HTTP war nicht von Beginn an standardisiert, vielmehr wurden 1996 die einheitlichen Features der erfolgreichsten Browser und Server zu dem HTTP Standard Version 1.0 zusammengefaßt.

Mit der zunehmenden Nutzung vom WWW stiegen die Anforderungen an das HTTP-Protokoll. Die Forderungen an das HTTP-Protokoll waren dabei:

- Die Vermeidung des unnötigen TCP-Protokoll-Overheads.
  HTML-Dokumente und deren Elemente sollten in einer einzigen Verbindung übertragen werden.

- Die Definition eines Standards, um virtuelle Server aufbauen zu können. Unter dem Aufbau virtueller Server versteht man die Möglichkeit, einen physischen HTTP-Server so zu konfigurieren, daß er nach Außen unter verschiedenen FQDNs erscheinen kann. Dieser Mechanismus soll jedoch nicht auf der Zuweisung mehrerer IP-Adressen an den HTTP-Server basieren.

- Die Implementierung eines Mechanismus zum Up-Load von HTML-Dokumenten auf einen HTTP-Server.

- Das Schaffen von Möglichkeiten, den Zugriff auf Dokumente besser zu kontrollieren.

Diese Forderungen wurden in der HTTP Version 1.1 [9] integriert, die im Januar 1997 verabschiedet wurde.

3. Netzwerk-Betriebssysteme

Nachdem das Internet aus geschichtlicher und technischer Perspektive betrachtet wurde, soll in diesem Kapitel auf die technischen Hintergründe der Netzwerkbetriebssysteme eingegangen werden, um die technischen Unterschiede zwischen Internet und Netzwerkbetriebssystem auf der Unternehmensseite besser verstehen zu können. Als Netzwerksbetriebssysteme wurden die derzeit gängigsten Systeme ausgewählt.

3.1. Novell NetWare

Novell ist seit 1983 als Anbieter von Netzwerkbetriebssystemen auf dem Markt. Unter die derzeit aktuelle Installationsbasis fallen die Produkte NetWare Version 3.11 (seit 1989), Version 3.12 (seit 1994) und Version 4.x (seit 1993). Das Produkt IntranetWare ist ein Paket, daß den Aufbau eines Intranets erlaubt, ohne zusätzlich Komponenten zukaufen zu müssen. IntranetWare enthält unter anderem: NetWare 4.11, NetWare IP, NetWare Web-Server, FTP-Services für NetWare, Unix Print Services, Multi-Protokoll Router Software und IPX-IP Gateway Software. Anfang 1998 ist eine Beta-Version des neuen Produkts NetWare Version 5 verfügbar.

Die Netzwerkbetriebssysteme von Novell basieren auf dedizierten Servern, die File, Print oder Kommunikationsdienste anbieten.

Unter dedizierten Servern versteht man Server, die ausschließlich als solche eingesetzt werden, d.h. sie werden nicht gleichzeitig als Workstation genutzt. Indem ein Workstation-Betrieb ausgeschlossen wird, kann das System auf den Server-Betrieb optimiert werden.

NetWare Server werden mit einem, von Novell entwickelten, Betriebssystem betrieben. Dies ermöglicht die Hardware für den Server-Betrieb optimal auszunutzen, indem z.B. ein für (File-)Server optimiertes Speicher oder Festplatten-Management implementiert wird. Der modulare Aufbau des Server-Betriebssystems ermöglicht es, nur notwendige Module, sogenannte NetWare Loadable Modules (NLM) auf dem Server zu installieren. Unter NetWare (ab Version 3.1) können einzelne NLMs im laufenden Betrieb sowohl ge- als auch entladen werden. Das modulare Konzept ermöglicht eine flexible Anpassung eines Servers an unterschiedliche Vorgaben, ohne überflüssigen Ballast.

Das Standard Netzwerk-Protokoll der Novell Systeme für verbindungslose Kommunikation ist das Internetwork Packet eXchange (IPX) Protokoll. Verbindungsorientierte Kommunikationsdienste bietet das zugehörige Sequenced Packet eXchange (SPX) Protokoll. Beide Protokolle basieren auf dem Protokoll XNS, das von Xerox entwickelt wurde. Novell wird in Zukunft IPX/SPX als Basis für NetWare mehr und mehr durch TCP/IP ersetzen.

Um den Aufbau heterogenen Netzwerke zu ermöglichen, stellt Novell Module zur Verfügung, die den Server um ein Netzwerk-Protokoll erweitern. Servermodule sind für fast alle Netzwerkprotokolle verfügbar (TCP/IP, AppleTalk, NetBEUI, etc.). Ab Version 3.12 unterstützt NetWare Datei- und Verzeichnisnamenskonventionen verschiedener Betriebssysteme.

Die Dienste der Server erscheinen einem Client als lokale Ressourcen. Greift der Client auf diese, scheinbar lokalen Ressourcen zu, so wird der Zugriff von der sogenannten Shell abgefangen und auf den Server umgeleitet.

3.1.1. Zugriffssteuerung und -Überwachung

Der große Sprung zwischen den NetWare Versionen erfolgte zwischen der Version 3.11 und 4.1 mit der Umstellung von der sogenannten Bindery-orientierten Verwaltung der Netzwerkressourcen zu den NetWare Directory Services (NDS). Inzwischen wird NDS als Acronym für Novell Directory Services verwendet und ist auch als Verwaltungssoftware für Windows NT Server Netzwerke verfügbar.

Die Bindery ist eine Datenbank, in der jeder Server seine Ressourcen, d.h. Benutzer, Gruppen, Drucker, Print-Server, etc. verwaltet. Das hat den Nachteil, daß z.B. Benutzer für jeden Server getrennt verwaltet werden müssen. Alle Ressourcen werden in der Bindery und im NDS in durch ein relationales Modell verwaltet, so daß Querverweise zwischen einzelnen Objekten möglich sind.

Novell Directory Services sind als verteilte Datenbank (über alle Server eines Netzwerks) implementiert und ermöglichen deshalb eine einheitliche Sichtweise und Verwaltung des gesamten Netzwerks. Unternehmensinterne Strukturen lassen sich auf ein logisches Netzwerkmodell abbilden. Diese Modell wird als Baumstruktur dargestellt und schafft so hierarchische Namensräume bei vereinfachter Verwaltung.

3.1.2. Netzwerkanbindung

Um unabhängig von Transportprotokollen und darunterliegenden Ebenen der Netz-
werkkommunikation zu sein, hat Novell ein modulares Interface, das Open Data-Link
Interface entwickelt (ODI) [35]. Es ermöglicht, mehrere Netzwerkkarten mit mehreren unterschiedlichen Protokollen anzusprechen. Den Aufbau von ODI und die
Einbindung in das ISO/OSI Referenzmodell zeigt Abbildung 5.

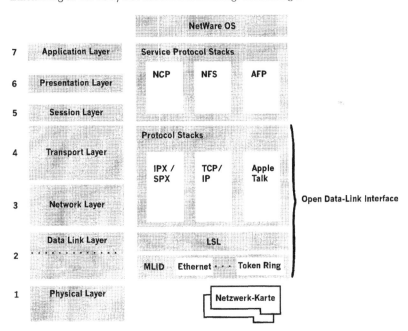

Abbildung 5: Open Data-Link Interface und ISO/OSI-Referenzmodell

Das ODI-Interface besteht aus drei Komponenten:

- Multi Link Interface Driver (MLID).
  MLIDs kontrollieren den Verkehr zwischen dem Netzwerkadapter und dem
  Link Support Layer (LSL). Durch die einheitliche Schnittstelle zwischen MLID
  und LSL, kann der LSL über unterschiedliche Netzwerkmedien kommunizieren.

- Link Support Layer (LSL).
  Der LSL vermittelt die Kommunikation zwischen dem Protocol Stack und

den MLIDs, indem er Pakete von einem Protokoll Stack an den zugeordneten MLID – und umgekehrt – weiterleitet.

• Protocol Stacks.

Protokoll Stacks implementieren die unterschiedlichen Netzwerkprotokolle und ermöglichen den Schichten oberhalb den Zugriff auf das Netzwerk mit dem entsprechenden Protokoll.

NetWare verwendet zur Zugriffssteuerung auf die Dienste der Server das, von Novell entwickelte, NetWare Core Protocol (NCP). Auch bezüglich dieser Service-Protokolle ist NetWare flexibel, d.h. Module anderer Protokolle können geladen werden. Mit dem entsprechenden Modul ist z.B. der Zugriff auf einen NetWare Server über das Network File System-Protokoll (NFS) möglich.

Die Fähigkeit mehrere Netzwerkprotokolle zu verarbeiten ermöglicht es, einen NetWare Server auch als multiprotokoll Router einzusetzen.

3.2. Microsoft Windows NT Server

Die erste Windows NT Version (3.1) kam im August 1993 auf den Markt. Die Server Version trug den Namenszusatz "Advanced Server". Ziel bei der Entwicklung von Windows NT war, die Schwächen der Kombination DOS/Windows als Betriebssystem durch ein neues Konzept zu beseitigen. Mit der Version 3.5, die im September 1994 erschien, breitete sich Windows NT sowohl als Workstation (Windows NT Workstation), als auch als Server (Windows NT Server) rasch aus. Mit der Version 4 des Windows NT Systems (August 1996) wurde die Oberfläche von Windows 95 in Windows NT integriert.

Windows NT ist ein Multitasking-fähiges Betriebssystem mit graphischer Oberfläche. Als Netzwerkbetriebssystem kann es zum Aufbau von peer-to-peer Netzwerken eingesetzt werden oder als reiner Server betrieben werden. Es ist zu beachten, daß unter Windows NT auch im reinen Serverbetrieb die Workstation-Funktionalität geladen wird, obwohl daß nicht notwendig wäre. Peer-to-peer Netzwerke sind Netzwerke, in denen die Server gleichzeitig als Workstation genutzt werden. Windows NT Server kann File, Print und Kommunikationsdienste anbieten. Als Netzwerkprotokoll wird dazu standardmäßig NetBEUI und das Server Message Block (SMB) Protokoll als Steuerungsprotokoll eingesetzt. NetBEUI ist ein Acronym für NetBI-

OS Extended User Interface. NetBIOS ist ein Protokoll, das von IBM entwickelt und von Microsoft zu NetBEUI erweitert wurde.

Die Namensauflösung unter NetBIOS erfolgt durch Broadcasts. Da Broadcasts von Routern nicht weitergeleitet werden, ist NetBEUI in Netzwerken mit Routern nicht einsetzbar. Dieses Defizit behebt Microsoft, indem NetBEUI in IP getunnelt wird. Die Namensauflösung erfolgt dann entweder über LMHOSTS Dateien lokal auf jeder Workstation oder zentral durch WINS (Windows Internet Name Service) Server.

Im Lieferumfang von Windows NT Server sind Protokoll Stacks für IPX/SPX, TCP/IP und AppleTalk enthalten.

3.2.1. Zugriffssteuerung- und Überwachung

NT Server Netzwerke basieren auf dem sogenannten Domain Controller Konzept. Das heißt, ein Server einer Domain verwaltet die Zugriffsrechte und Ressourcen der Domain. Als Domain werden, in der Regel, die Workstations und Server einer Arbeitsgruppe eines Unternehmens zusammengefaßt. Die Benutzer- und Gruppendaten werden in der SAM-Benutzerdatenbank (Security Account Manager) gespeichert. Die SAM-Datenbank ist in das sogenannte Registry-System von Windows NT integriert. Die Registry ist eine Datenbank, in der die Konfiguration des gesamten Systems gehalten wird. Da diese in einem proprietären Format als Datei gespeichert ist, kann auf die Registry nur mit den entsprechenden Werkzeugen zugegriffen werden. Wird eine der Registry-Dateien zerstört, so kann es passieren, daß das gesamte System unbrauchbar wird.

Der Zugriff auf Ressourcen anderer Domains wird durch sogenannte Vertrauensverhältnisse zwischen zwei Domänen kontrolliert. Indem eine Domain einer zweiten vertraut, können z.B. die Benutzer der zweiten Domain auf die Ressourcen der vertrauenden Domain zugreifen. Dieses Konzept ist für kleine Netzwerke übersichtlich, für große Netzwerke ergeben sich jedoch nur schwer durchschaubare Strukturen.

3.2.2. Netzwerkanbindung

Um verschiedene Netzwerkprotokolle zu unterstützen, hat Microsoft das NDIS Driver System [32] entwickelt. Es leistet das gleiche wie Novells ODI Schnittstelle. Der Redirector übernimmt dabei die Aufgabe der NetWare Shell. Den Aufbau von NDIS und die Zuordnung zum ISO/OSI Referenzmodell zeigt Abbildung 6.

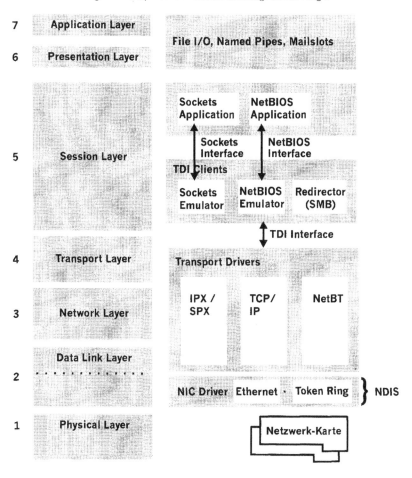

Abbildung 6: NDIS Treiber Konzept und ISO OSI Referenzmodell

Das NDIS Treiberkonzept besteht im wesentlichen aus zwei Teilen:

- Network Interface Card (NIC) Driver.

  Die NIC Treiber steuern die Hardware der Netzwerkkarten direkt an. Es werden vollständige NIC Treiber und sogenannte Miniport Treiber unterschieden. Miniport Treiber besitzen eine zusätzliche Ebene zum nächsthöheren Modul, das sogenannte NDIS intermediate. Die zusätzliche Ebene ermöglicht zusätzliche Protokollumsetzungen. Beide Versionen bieten nach oben hin eine einheitliche Schnittstelle zu den Transport Drivers.

- Transport Driver.

  Diese Ebene ermöglicht den Netzwerkzugriff über eine einheitliche Schnittstelle, unabhängig vom unterliegenden Transportprotokoll.

3.3. UNIX

Ende 1969 startete die amerikanische Telefongesellschaft AT&T die Entwicklung eines modernen Betriebssystems. Es sollte im Multi-User- und Multitasking-Betrieb interaktives arbeiten ermöglichen. Maßgeblich beteiligt an dieser Entwicklung waren Ken Thomson und Dennis Ritchie. Parallel zum Betriebssystem UNIX wurde die Programmiersprache C entwickelt. Die ersten Versionen des UNIX Betriebssystems wurden in Assembler geschrieben, später wurde das System, soweit möglich, nach C portiert. Dies ermöglichte eine einfache Portierung des Systems auf verschiedene Hardwareplattformen. Durch günstige Lizensierungspolitik und kostenlose Weitergabe des Systems an Universitäten erreichte UNIX schnell große Verbreitung. Neben der AT&T UNIX Entwicklung, die inzwischen mit System V bezeichnet wird, entwickelte die University of California, Berkeley eine eigene UNIX Implementierung. Diese UNIX Entwicklungsrichtung wurde BSD (Berkeley Software Distribution) genannt. Die wichtigste Entwicklung des BSD-Systems ist die Definition einer Programmierschnittstelle zu verschiedenen Netzwerkprotokollen, den sogenannten Berkeley Sockets. Diese Programmierschnittstelle ist heute praktisch in jedem Betriebssystem enthalten. Auf diesen beiden Entwicklungszweigen gründen die UNIX Systeme, die heute angeboten werden. Die unterschiedlichen UNIX Varianten werden heute auf den verschiedensten Plattformen eingesetzt. Die Vielfalt reicht von Mainframes über Workstations bis hin zu PCs.

Alle Unix Implementierungen haben folgendes gemeinsam:

- X-Windows als graphische Benutzeroberfläche

- Transparentes File-System.
  Jedes UNIX System besitzt einen einzigen Verzeichnisbaum, in dem alle verfügbaren Dateisysteme eingebunden werden. An das System angeschlossene Geräte erscheinen als Dateien (Device Files) im Verzeichnisbaum und werden wie Dateien angesprochen.

- In den Betriebssystem-Kern integrierte TCP/IP Netzwerkfunktionalität. Eine UNIX Workstation bietet Server Dienste an und kann ebenso Dienste anderer Server Nutzen.

3.3.1. Zugriffssteuerung und Überwachung

Die Zugriffsteuerung unter UNIX basiert auf Dateiebene. Jede Datei hat einen Besitzer und eine zugehörige Besitzer-Gruppe. Die Zugriffe auf eine Datei können bezüglich Lesen, Schreiben oder Ausführen gestattet werden. Dies ist jeweils für den Besitzer, die zugehörige Benutzer-Gruppe oder alle anderen Benutzer einstellbar.

Die Benutzerinformationen (Benutzer-ID und Gruppe des Benutzers) werden in der Text-Datei /etc/passwd lokal gespeichert.

3.3.2. Einheitliche Benutzerverwaltung und gemeinsamer Dateizugriff

Da jeder UNIX Rechner seine Benutzerinformationen in einer Datei auf der lokalen Festplatte ablegt, ist eine einheitliche Benutzerverwaltung nur über Umwege zu erreichen. Zu diesem Zweck wurde das Network Information Services (NIS) System entwickelt. Es ermöglicht, Konfigurationsdateien wie z.B. /etc/passwd zentral auf einem NIS Server zu verwalten. NIS Clients können die Informationen des NIS Servers über das Netzwerk abrufen.

Das Network File System (NFS) ermöglicht es einem NFS Server Teile seines Verzeichnisbaumes über das Netzwerk zur Verfügung zu stellen (zu exportieren). NFS Clients können die, über das Netzwerk exportierten Verzeichnisse an beliebiger Stelle in ihren eigenen (lokalen) Verzeichnisbaum importieren. Die Zugriffssteuerung bei NFS erfolgt über den Standard UNIX Mechanismus.

4. Zugang zum Internet

In diesem Kapitel soll zunächst geklärt werden, wie ein Unternehmen physisch an das Internet angeschlossen werden kann, bevor auf Sicherheitsaspekte eingegangen wird. Um die Vielzahl von Zugangsmöglichkeiten und Anbietern für einen Zugang zum Internet (Internet Service Provider; ISP) qualitativ einzuordnen, ist es zunächst wichtig, Qualitätsmerkmale eines Zugangs zu diskutieren.

Die Preise und Daten von Kommunikationsstrecken des Internet-Zugangs, die öffentliche Fernsprech- bzw. Datennetze nutzen, beziehen sich in dieser Arbeit ausschließlich auf das Angebot der Deutschen Telekom AG (DTAG), da die endgültige Liberalisierung des Telekommunikationsmarktes erst zum 1.1.1998 abgeschlossen ist. Erst nach diesem Zeitpunkt werden andere Mitbewerber wirklich am Markt präsent sein. Auf Nachfrage gaben einige der Konkurrenten der DTAG (Viag Intercomm und ARCOR) an, erst im laufe des 1. Quartals 1998 definitiv Angebote bezüglich der Nutzung ihres Kommunikationsnetzes machen zu können.

Prinzipiell wird ein Unternehmens-LAN wie in Abbildung 7 gezeigt, an das Internet angeschlossen.

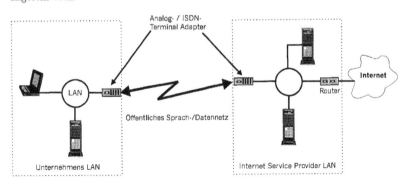

Abbildung 7: Anbindung eines LAN an das Internet

Internet Service Provider (ISP) sind Unternehmen, die ein Netzwerksegment betreiben, das Übergänge zu Netzen anderer Betreiber hat und die den Zugang zu ihrem Netzwerk verkaufen (siehe Abschnitt 2.2). Oft sind an die Netze der ISPs Franchisenehmer angeschlossen, sog. Points of Presence (POPs), die wiederum ein Netzsegment bis zu ihrem ISP betreiben, und den Zugang zu ihrem Segment verkaufen. Die Beziehung ISP - POP ist vergleichbar mit dem Verhältnis Groß- und

Zwischenhändler.

Beispielhaft ist in Abbildung 1 das von Eunet (bzw. Uunet) betriebene Backbone-Netz mit seinen Übergängen zu Netzen anderer Betreiber dargestellt.

4.1. Qualitätsmerkmale von Internet-Zugängen

4.1.1. Verfügbarkeit

Verfügbarkeit ist die Zeit, in der ein Zugang störungsfrei betrieben werden kann. Meist wird die Verfügbarkeit als %-Wert, bezogen auf das Jahresmittel angegeben. Es ist zu beachten, daß eine Verfügbarkeit von 99% im Jahresmittel eine Ausfallzeit von 87,6 Stunden (entspricht ca. 3,5 Tage) erlaubt!

Zu beachten ist auch folgendes:

Es ist die Verfügbarkeit der gesamten Kommunikationsstrecke in das Internet zu betrachten. Die Verfügbarkeit des Internetzugangs beim ISP ist zu relativieren, wenn bis zum ISP öffentliche Kommunikations-Netze benutzt werden, deren Verfügbarkeit geringer ist.

4.1.2. Verbindungsaufbauzeiten

Aufgrund der Schwächen des HTTP 1.0 Protokolls (siehe Abschnitt 2.7), ist es von Bedeutung, wie schnell eine Verbindung zu einem Host aufgebaut werden kann. Dies ist besonders bei intensiver Nutzung von World Wide Web Diensten von Bedeutung.

Einfluß auf die Verbindungsaufbauzeit haben:

- Die aktuelle Auslastung des Netzes (Tageszeit).

- Der Ort des physikalischen Anschlusses der Gegenstelle (z.B. MCI Netz Amerika oder Uunet Deutschland).

- Die Geschwindigkeit der Netzübergänge von einem ISP zum anderen.

Mit der Verbreitung von HTTP Version 1.1 wird dieses Qualitätsmerkmal an Bedeutung verlieren. Für Datenübertragungen (FTP), Telnet oder Virtual Private Networks (VPN) sind Verbindungsaufbauzeiten nur von geringer Bedeutung, da diese Dienste nur selten Verbindungen auf- bzw. abbauen.

4.1.3. Datenübertragungsraten

Ein entscheidendes Qualitätsmerkmal für den Internet-Zugang ist die effektiv erreichbare Datenübertragungsrate, abhängig von der Tageszeit und dem Ort des Zielhosts. Die Datenübertragungsrate wird hauptsächlich von der Netzkapazität (Bandbreite), der Netzauslastung und den Übergängen zu anderen Netzen beeinflußt.

Ist schon bei der Planung des Internet-Zugangs bekannt, welche Verbindungen besonders genutzt werden, so sollte ein ISP gewählt werden, der speziell für diese Verbindung eine gute Infrastruktur zur Verfügung stellt, um gute Übertragungsraten zu erreichen.

Beim Aufbau von VPN-Netzen sollte z.B. ein Provider gewählt werden, der auf den notwendigen Verbindungen ausreichend Bandbreite garantiert.

4.1.4. Service

Nicht vernachlässigbar ist der vom ISP angebotene Kunden-Service. Unter Kunden-Service sind folgende Dienstleistungen zu verstehen:

- Accounting.
  Die Bekanntgabe aller wichtigen Parameter (z.B. Name Server, IP-Adressen) für den Internet-Zugang.

- Domain-Registrierung.
  Die Unterstützung bei der Registrierung von Domains. Eventuell übernimmt der ISP alle Kosten und Formalitäten die notwendig sind, um eine Domain zu beantragen.

- Hotline.
  Ein guter Kunden-Service zeichnet sich durch eine qualifizierte Hotline, z.B. für den Konfigurationssupport, aus.

- Detaillierte Abrechnung.
  Die Abrechnung sollte gut verständlich sein, Einzelkosten müssen getrennt aufgeführt sein.

Weiter bieten die meisten ISPs verschiedene Zusatzleistungen, wie

- Bereitstellen von Routern.

- Web-Hosting.

  Der ISP bietet an, einen Web-Server in seinen Räumlichkeiten zu betreiben, um die Netzwerkanbindung des ISP optimal zu nutzen.

- Betrieb eines Web-Servers für den Kunden.

- Betrieb eines Mail-Servers.

- Roaming.

  Unter Roaming versteht man die temporäre Nutzung der lokalen Einwähl-punkte in verschieden Städten des ISP, bei zentraler Abrechnung.

Die Qualität der Serviceleistung läßt sich nur schwer aus Prospekten ermitteln, meistens muß auf Erfahrungen anderer Kunden zurückgegriffen werden oder selbst die notwendige Erfahrung gesammelt werden.

4.2. WAN-Übergang zum Internet Service Provider

Das Übergangsmedium zwischen dem Unternehmens-LAN und dem ISP ist meist eine öffentliche Telekomunikationsstrecke. Obwohl sich digitale Verfahren (ISDN) mehr und mehr ausbreiten, kann es unter bestimmten Umständen sinnvoll oder notwendig sein, analoge Techniken (Modems) zu nutzen. In diesem Abschnitt sollen zuerst die technischen Möglichkeiten der Datenübertragung über eine öffentliche Telekommunikationsstrecke erläutert werden. Anschließend wird auf die Vor- und Nachteile von Wähl- und Standleitungen eingegangen. Mit einer Übersicht über die Palette der Tarifarten, die von ISPs angeboten werden, wird dieses Kapitel abgeschlossen.

4.2.1. Analoge Übertragung

Vor der flächendeckenden Einführung von ISDN (Integrated Services Digital Net-work) waren analoge Strecken die einzige Möglichkeit, Daten zu übertragen. Dazu werden die Daten vom Sender durch ein Modem (MOdulator/DEModulator) in den Frequenzbereich der Sprache moduliert, über die Sprechverbindung übertragen und vom Empfänger wieder demoduliert. Zu diesem Zweck sind verschiedene Verfahren standardisiert worden (V.34, V.34bis, etc.). Die maximale Übertragungsrate über

Modems, die standardisiert ist, beträgt 28 kBit/s, mit nicht standardisierten Verfahren werden Übertragungsraten bis 56 kBit/s erreicht. Diese Übertragungsraten werden nur mit Hilfe von Kompressionsverfahren erreicht. Bei der Übertragung von bereits komprimierten Daten werden nur niedrigere Übertragungsraten erreicht. Der Vorteil einer analogen Verbindung zum ISP liegt allein in den günstigen Preisen für Standleitungen: Eine analoge Standleitung ("Leased Link") der Telekom kostet in der Ortszone 1 ca. 30% einer 64kBit/s ISDN Standleitung [16]. Unter Ortszone 1 versteht die Telekom eine Verbindung, deren Enden im gleichen Anschlußbereich eines Ortsnetzes liegen.

In der Regel werden die Daten mit dem Serial Line Internet Protocol (SLIP) [42] oder mit dem Point to Point Protocol (PPP) [45] übertragen.

4.2.2. Digitale Übertragung

Mit ISDN wurde eine einheitliche Möglichkeit geschaffen, Daten digital, ohne Umweg über eine analoge Umwandlung, über ein öffentliches Netz zu übertragen. Ein ISDN Basisanschluß (der DTAG) beinhaltet 2 B-Kanäle sowie einen D-Kanal. Die beiden B-Kanäle dienen der Datenübertragung mit einer Übertragungsrate von je 64 kBit/s, der D-Kanal der Übermittlung von Steuerinformationen mit einer Übertragungsrate von 16 kBit/s. Durch Kanalbündelung mit dem Multilink Point-to-Point Protocol, können n B-Kanäle parallel benutzt werden, so daß eine Gesamtübertragungsrate von n*64 kBit/s erreicht wird.

4.2.3. Wähl- und Festverbindungen zum Internet Service Provider

Bei der Planung des Internet-Zugangs, sollte analysiert werden, wie hoch der Bedarf an IP-Traffic in das bzw. aus dem Internet ist, und es muß ermittelt werden, ob eine Wählverbindung (dial-up) oder eine Standleitung die besser geeignete Verbindung in das Internet ist. Eine Standleitung ist auf jeden Fall notwendig, wenn das Unternehmen einen, voraussichtlich vielbesuchten, Web- oder FTP-Server lokal betreiben will. Es ist zu beachten, daß die Preise für den Internet-Zugang bei einigen ISPs höher sind, wenn anstatt einer Wählverbindung eine Festverbindung eingesetzt wird.

Ein Preisvergleich (Deutsche Telekom AG, Stand 1.11.1997) zwischen einer Stand-. und einer Wählverbindung zeigt Abbildung 8.

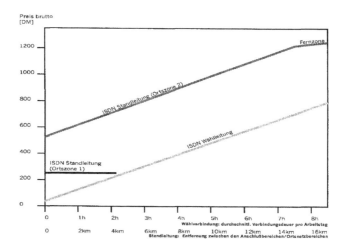

Abbildung 8: Vergleich der monatlichen Kosten für ISDN Verbindungen (1x64 kBit/s, 1x16 kBit/s)

Erläuterungen zur Abbildung 8:

Für die Wählverbindung wurde von 21 Arbeitstagen pro Monat ausgegangen. Die DTAG bezeichnet mit

Ortszone 1   eine Verbindung innerhalb eines Anschlußbereiches im gleichen Ortesnetze (Pauschalpreis).

Ortszone 2   eine Verbindung innerhalb eines Ortsnetzes und verschiedenen Anschlußbereichen. Zu bezahlen ist die Entfernung zwischen den Anschlußbereichen.

Fernzone   Verbindungen zwischen verschiedenen Ortsnetzen. Zu bezahlen ist die Entfernung zwischen den Ortsnetzen.

4.2.4. Tarifschemata von Internet Service Providern

Die Internet Zugänge werden oft im Paket mit anderen Dienstleistungen angeboten. Die ISPs stellen ihre Service Pakete entsprechend ihren Erfahrungen zusammen, in der Regel lassen sich einzelne Leistungen auch individuell zusammenstellen. Vor der Auswahl eines Angebots ist zunächst der Bedarf an Serviceleistung zu analysieren. Folgende Punkte sind zu analysieren:

37

- Anzahl der IP-Adressen.

  Für den Aufbau von privaten Netzwerken, die keinen Zugang zum Internet haben, sind bestimmte Bereiche von IP-Adressen (z.B. die IP-Adressen von 192.168.0.0 bis 162.168.255.255) reserviert (private IP-Adresse). In der Regel werden private Netzwerke mit IP-Adressen aus diesem Bereich aufgebaut. Jeder Rechner, der an das Internet angeschlossen ist, benötigt jedoch eine eigene, internet-weit eindeutige, IP-Adresse (public IP-Adresse).

  Prinzipiell bedeutet dies, daß alle Rechner von dem Unternehmens-LAN, das an das Internet angeschlossen wird, public IP-Adressen benötigen. Durch Network Address Translation kann die Anzahl der notwendigen public IP-Adressen jedoch erheblich reduziert werden.

  Unter Network Address Translation versteht man die Abbildung der IP-Adressen des Unternehmens-LANs auf eine einzige IP-Adresse durch ein Gateway. Dieser Mechanismus ist meist in Firewalls integriert und bietet zusätzliche Sicherheit vor Angriffen aus dem Internet (siehe Abschnitt 7.1).

  Zusätzliche Adressen werden dann nur noch von Rechnern benötigt, die außerhalb des Gateways an das Netz angeschlossen sind.

- Nötige Bandbreite des Internet-Zugangs.

- Übertragungsvolumen in das / aus dem Internet

- Welche Netzdienste lokal, welche beim ISP betrieben werden sollen.

  Die meisten ISPs bieten an, Mailserver, Webserver, News-Server und FTP-Server für den Kunden zu betreiben. Insbesondere bei vielbesuchten WWW- oder FTP-Server ist es sinnvoll, diese vom ISP betreiben zu lassen, da so die Strecke zwischen dem Unternehmen und dem ISP entlastet wird.

- Registrierung der eigenen Domain.

  Viele ISPs bieten an, die Domain registrieren zu lassen.

Bezüglich des IP-Traffics gibt es grundsätzlich zwei verschiedene Abrechnungs-schemata:

1. Flat Fee:

   Es wird Bandbreite (z.B. 64 kBit/s) beim ISP gekauft. Die tatsächlich genutzte Bandbreite wird bei der Abrechnung nicht berücksichtigt.

2. Traffic Fee:

   Bei garantierter Bandbreite wird das Übertragungsvolumen berechnet. Meist mit gestaffelten Preisen.

Viele Provider bieten einen Mix aus beiden Abrechnungsschemata an, z.B. Flat Fee mit einem maximalen Transfervolumen.

Da die Abschätzung der notwendigen Bandbreite für den Internet Zugang im voraus meist sehr wage ist, sollte bei der Auswahl des ISPs und des Tarifschemas darauf geachtet werden, wie und wann der Übergang von einer Abrechnungsform zur anderen möglich ist und ob mit dem Wechsel der Abrechnungsform zusätzliche Kosten anfallen.

5. Sicherheitsrisiko Internet

Medienberichte schildern oft in Horrorszenarien, daß mit dem Internetanschluß die Sicherheit des Unternehmens-LANs nicht mehr gegeben ist. Tatsächlich ist das Risiko eines illegalen Angriffs kalkulierbar, sollte aber nicht vernachlässigt werden. Mit technischen Maßnahmen kann ein Grundstock an Sicherheit geschaffen werden. In dem bei den Benutzern des Internets das Bewußtsein für die Risiken und die Gefahren geschult wird, kann der Schutz vor Angriffen weiter verbessert werden. Angriffe können dann früher erkannt und entsprechende Gegenmaßnahmen eingeleitet werden.

Die Motivation für Angriffe auf die Sicherheit eines Rechners oder Netzwerkes reicht von einfacher Neugier über Freude an Zerstörung bis hin zur Ausspähung nichtöffentlicher Daten zum eigenen Nutzen (Weiterverkauf, Spionage). Dies macht deutlich, daß jeder Rechner Ziel eines Angriffs sein kann, unabhängig von seiner Bedeutung.

In diesem Kapitel werden die Möglichkeiten eines Angriffs aus dem Internet untersucht, deren Gefahren eingeschätzt, um dann im nächsten Kapitel Wege und Lösungen aufzuzeigen, das Unternehmens-Netzwerk so abzusichern, daß die Angriffsmöglichkeiten gering sind und Angriffe frühzeitig erkannt werden können.

5.1. Zum Begriff der Rechnersicherheit

Um zu klären, welches Sicherheitsrisiko das Internet mit sich bringt, ist zu definieren, was unter der Sicherheit eines Rechners oder eines Netzwerkes zu verstehen ist. Da sich alle Autoren mit der Definition des Begriffes *Rechnersicherheit* schwer tun, sei hier exemplarisch ein Definitionsansatz aufgeführt.

Rechnersicherheit wird in den IT-Sicherheitskriterien [49] durch die Anforderungen definiert, die durch folgende Bedrohungen entstehen:

- Verlust der Vertraulichkeit von Informationen durch unbefugten Informationsgewinn.

- Verlust der Integrität durch unbefugte Modifikation von Informationen.

- Verlust der Verfügbarkeit durch unbefugte Beeinträchtigung der Funktionalität.

40

Nach [27] ist diese Definition nicht vollständig, da sie Sicherheit auf Informationen und deren Bedrohung einschränkt. Hardwarekomponenten oder Programme sind ebenso sicherheitsrelevant. Die Einschränkung der Definition auf Bedrohungen schließt außerdem die Möglichkeit eines Konfigurationsfehlers aus.

Die Unvollständigkeit dieser Definition muß bewußt sein, um keine Sicherheit zu empfinden, die gar nicht gegeben ist. Trotzdem ist es möglich, ein hohes Maß an Sicherheit zu erreichen. Sicherheit ist jedoch kein statischer Zustand, sondern ein Ziel, das es zu erreichen gilt, welches jedoch nicht in jedem Fall erreicht werden kann[27].

Um besonders sicherheitsrelevante Stellen eines Rechnersystems zu identifizieren, ist es zunächst notwendig die Bedrohungen zu analysieren.

5.2. Bedrohungsanalyse

Die Analyse der Bedrohungen (Risiken) unterteilt sich in drei Teile:

1. Erfassen der zu schützenden Werte.

2. Abschätzung der möglichen Schäden.

3. Einschätzung der Verursacher

5.2.1. Erfassen der zu schützenden Werte

Der Wert der Hardware und der installierten Software ist in der Regel leicht festzustellen, dagegen ist der Wert von intellektuellen Leistungen nur schwer quantifizierbar. Oft kann es vorkommen, daß der Wert eines Dokumentes oder von Daten durch unbefugte Kenntnisnahme oder Veröffentlichung abnimmt. Man denke z.B. an Forschungsergebnisse, Angebote oder Kundendateien.

Es muß erfaßt werden, welchen Wert der reibungslose Betrieb eines Rechnersystems darstellt. Quantifizierbar ist meistens nur der entgangene Gewinn, der durch den Ausfall eines Rechnersystems entsteht. Beachtet werden sollte, daß Manipulation oder Ausfall eines Rechnersystems Recovery-Maßnahmen zur Folge haben. Auch während der Recovery-Maßnahme ist das System in seiner Einsatzfähigkeit eingeschränkt.

Mit dem Einsatz einer Datenverarbeitungsanlage entstehen eventuell aus gelten-
den Gesetzen (Datenschutzrecht, Copyright, etc.) besondere Pflichten des Betrei-
bers, wie z.b. Geheimhaltung bestimmter Daten aus datenschutzrechtlichen Gründen. Aus einem Verstoß gegen diese Pflichten kann ein Verlust entstehen, vor allem, wenn die Haftung übernommen werden muß. Man denke zum Beispiel an
den Fall, daß ein Angreifer auf ein Telekommunikationsunternehmen Verbindungs-
daten verschiedener Teilnehmer veröffentlicht, oder an die Möglichkeit, daß von dem
FTP-Server eines Unternehmens durch das Copyright geschützte Software bezogen
werden kann.

Langfristig werden Gesetze geschaffen werden, die Betreiber von Computersystemen oder Netzwerken für den Schaden haftbar machen, der durch Angriffe verursacht wird, die von ihren Einrichtungen ausgehen. Schadensersatzforderungen
werden insbesondere dann geltend gemacht werden können, wenn der Zugang zu
den Rechnersystemen eines Unternehmens nur unzureichend gesichert war.

5.2.2. Abschätzung der möglichen Schäden

Die möglichen Schäden ergeben sich direkt aus der vorhergehenden Abschätzung der
Werte. Grundsätzlich können die möglichen Schäden in drei Kategorien eingeteilt
werden:

1. Unberechtigter Zugang.
   Durch Zugang eines unberechtigten Benutzers können Daten und Programme
   anderer Benutzer manipuliert werden. Die Möglichkeiten des Zugangs können
   genutzt werden, um die Rechte auf dem betroffenen System weiter auszubau-
   en. Denkbar ist aber auch, daß der Zugang benutzt wird, um zum Beispiel
   kompromittierende Mail zu versenden.

2. Unberechtigter Zugriff.
   Sensible Daten können ihren Wert verlieren, wenn sie von unberechtigten Per-
   sonen eingesehen werden. Aus der Einsicht in sensible Daten können sich
   Haftungsansprüche Dritter ergeben oder die Betroffenen werden in anderer
   Form benachteiligt.

3. Reduzierung der Verfügbarkeit.
   Die einwandfreie Funktion eines Systems wird eingeschränkt und die Benut-

zer in ihrer Arbeit behindert. Ist die Funktion geschäftskritischer Systeme eingeschränkt, so entstehen Verluste durch Produktivitätsausfall.

5.2.3. Einschätzung der Verursacher

Obwohl der Großteil der Bedrohungen von externen Angreifern ausgeht, ist in den vorherigen Abschnitten deutlich geworden, daß Angriffe interner Benutzer nicht unberücksichtigt bleiben können. Das Ausnutzen von Sicherheitslücken in Computersystemen oder das Umgehen von Sicherheitsmechanismen kann aus verschiedenen Gründen attraktiv sein.

Die "Grundlagenarbeit" für Angriffe leistet eine Personengruppe die wahrscheinlich am treffensten mit dem Wort *Hacker* oder *Freaks* bezeichnet wird. Sie experimentieren an Computersystemen, um Schwachstellen aufzudecken. Die Motivation könnte mit Wissenserwerb und Erprobung der eigenen Fähigkeiten bezeichnet werden. Das erlangte Wissen wird meist nicht zum eigenen Vorteil genutzt, sondern vielmehr wird durch die Veröffentlichung auf Sicherheitsprobleme in Computersystemen aufmerksam gemacht. Zu dieser Gruppe Zählen z.B. die Mitglieder des *Chaos Computer Clubs* oder die Herausgeber des *Phrack Magazines* [36].

Auf dem Wissen der *Hacker* bauen die Aktivitäten einer Gruppe von Benutzern auf, die mit dem Begriff der *Neugierigen* beschrieben werden kann. Zu dieser Gruppe zählen Systemadministratoren oder Benutzer, die aus Neugier neue Techniken ausprobieren wollen, ohne dabei destruktive Absichten zu haben. Diese Neugier kann von Nutzen sein, wenn dadurch Sicherheitslücken aufgedeckt werden, es kann aber auch erheblicher Schaden verursacht werden.

Die Erfahrungen der beiden ersten Gruppen werden von Nachahmern genutzt, die diese Möglichkeiten gezielt einsetzen. Über die Motivation kann nur spekuliert werden. Sie reicht von spannender Abwechslung bis zum Ärgern von Bekannten oder Kollegen. Der Schaden, den sie anrichten ist den meisten Mitgliedern dieser Gruppe nicht bewußt, nur ein vermutlich sehr kleiner Personenkreis will absichtlich Schaden hervorrufen.

Als (Computer-) kriminelle ist die Gruppe von Personen einzuschätzen, die Kenntnisse über Schwachstellen in Computersystemen zum eigenen Vorteil nutzen wollen. Dazu zählt z.B. die Weitergabe von unbefugt erlangten Informationen an Dritte.

5.3. Angriffsszenarien

Nach der allgemeinen Betrachtung der Risiken, die mit der Anbindung eines Unternehmens-LAN an das Internet entstehen, werden im folgenden konkrete Angriffsszenarien beschrieben.

5.3.1. Unberechtigter Zugang zum System

Der unberechtigte Zugang zu einem Computersystem kann für verschiedene Aktivitäten genutzt werden:

- Beschaffung von Information.

- Nutzung des Zielrechners für einen anderen Angriff unter Ausnutzung der falschen Identität.

- Schädigung des Systems, beispielsweise durch Löschen der Festplatten.

Mit dem ersten Angriff werden im allgemeinen nur wenig Rechte erlangt, die dann mit der entsprechenden Technik, in weiteren Angriffen, bis zu Administrator-Rechten erweitert werden können.

Schwachstellen und damit Angriffspunkte eines Systems sind Softwarefehler, Konfigurationsfehler, fehlerhafte Details eines Betriebssystems oder Schwächen im Konzept des Betriebssystems.

Ein Einbruch in einen Rechner oder LAN läuft, in der Regel, nach folgendem Schema ab:

1. Informationsbeschaffung.

    Der Angreifer versucht Informationen über das Ziel (Struktur des Ziel-LANs, mögliche Ziel-Hosts) zu erhalten. Nützliche Informationen sind dabei:

    - Routing-Tabellen eines ungeschützten Routers.
      Mit Hilfe des Simple Network Management Protocols (SNMP) können Einträge in der Routing-Tabelle eines Routers auch über Netzwerkgrenzen hinweg ermittelt werden.
    - Informationen des DNS.
    - Informationen die mit dem Programm `finger` ermittelt werden können.

2. Test, welche Schwachstellen bei den ermittelten Systemen bestehen.

   Die Ports der möglichen Ziele werden nach angreifbaren Services gescannt, das Betriebssystem des Systems wird festgestellt. Dies ist technisch nicht besonders aufwendig und läßt sich mit Sicherheits-Analyse-Programmen (z.b. SATAN[4] oder Internet Security Scanner) automatisiert und ohne Programmierung durchführen.

   Dies ist der erste Teil eines Angriffs, der auf dem angegriffenen System Spuren hinterläßt (Log-Files oder Fehlermeldungen des Betriebssystems), die der Administrator registrieren sollte, um Gegenmaßnahmen einzuleiten.

3. Einbruch.

   Wurden Schwachstellen in einzelnen Systemen entdeckt, so versucht der Angreifer jetzt, diese auszunutzen. Erlangt der Angreifer Zugriff auf ein System, so versucht er anschließend

   - seine Rechte zu erweitern, in dem er z.b. Trojanische Pferde auf dem Zielsystem installiert, um weitere User/Passwort Kombinationen zu erhalten.

   - in Systeme einzubrechen, die mit dem Zielsystem in einem Vertrauensverhältnis stehen.

   - als privilegierter User Informationen auzuspähen oder destruktiv auf das System einzuwirken.

Trojanische Pferde: Programme die verborgene Funktionen enthalten, welche, ohne Zutun des Benutzers, Dienste des Systems mißbrauchen oder Informationen zugunsten des Entwicklers ausspähen.

5.3.2. Viren

Ein Virus ist ein Programm (-Fragment), daß sich repliziert, indem es sich selbst in verschiedene Programme eines Computersystems integriert. Die Replikation erfolgt mit jedem Aufruf eines infizierten Programms.

In einem isolierten Netzwerk ist Virusbefall nur durch Einspielen von Dateien auf das Netzwerk möglich. Durch den korrekten Einsatz von Virenscannern kann das

---

[4]Secutity Analysis Tool for Auditing Networks

Risiko einer Infektion gering gehalten werden. Ein Internet-Zugang eröffnet mehrere
Möglichkeiten, Dateien in das Unternehmens-LAN zu übertragen:

- FTP.
  Filetransfer mit dem File Transport Protocol (FTP) ist der gebräuchlichste
  Weg, Daten von einem Rechner des Internets auf einen anderen zu kopieren.

- Mail Attachements.
  MIME (siehe Abschnitt 2.6) ermöglicht es, mit einer Mail beliebige Dateien
  als sogenannte Attachements zu übertragen.

- UUencoded News oder Mail.
  Bevor MIME entwickelt wurde, war es üblich, Binärdaten in Textdarstellung
  als Mail zu versenden. Dazu wurden die Binärdateien mit dem Programm
  uuencode in den (7 Bit) ASCII-Code konvertiert. Der Empfänger mußte die
  Textdatei mit **uudecode** wieder von dem 7 Bit ASCII-Code in das Binärformat
  zurück konvertieren. Dieser Übertragungsweg hat durch MIME nur noch geringe Bedeutung.

Da Dateien direkt auf einen Rechner übertragen werden, ist ein ausreichender
Schutz durch Virenscanner nicht mehr gegeben. Nach jedem Dateitransfer müßte
ein Virus-Scan durchgeführt werden.

Bei Dateitransfers vom Unternehmens-LAN ins Internet sollte ebenso sichergestellt sein, daß die übertragenen Daten frei von Viren sind.

Eine Studie der National Computer Security Association (NCSA) von 1996 [1],
die sich mit der Verbreitung von Viren beschäftigt, bestätigt die Gefahr, die von Viren in Verbindung mit einem Internet Zugang ausgeht. Nach dieser Studie steigt die
Gefahr, die von Viren ausgeht, kontinuierlich. Dabei werden klassische Programm-
und Boot-Sektor Viren [5] zunehmend von Makro-Viren verdrängt. Makro-Viren
sind virulente Programme, die in Dokument-Dateien enthalten und in einer Script-
Sprache einer Applikation geschrieben sind. Bis dato sind Viren in Dokumenten der
Produkte MS-Word und MS-Excel registriert worden. Das am meisten verbreitete
Makro-Virus ist das sogenannte Word.concept Virus, das auch unter den Namen
winword.concept, prank oder Word Macro Virus bekannt ist.

---

[5]Boot-Sektor Viren sind in Boot-Sektoren von Disketten enthalten und können sich nur durch
Austausch von Disketten ausbreiten.

20% aller Virus-Infektionen eines Rechners sind nach dieser Studie auf eine Übertragung aus dem Internet zurückzuführen. Betrachtet man die Art, wie sich Makro-Viren ausbreiten, so stellt die Studie fest, das sich diese zu ca. 50 % durch das Internet übertragen haben. Dies erklärt die hohe Ausbreitungsgeschwindigkeit, die bei Makro-Viren beobachtet wurde. Makro-Viren haben sich ca. 3,5 mal so schnell ausgebreitet, wie der nicht-Makro Virus mit der schnellsten Ausbreitungsgeschwindigkeit.

30 % der Ausbreitung von Makro-Viren ist auf Attachements von Dokumenten in Email zurückzuführen. Diese hohe Quote ist möglich, da das Internet immer mehr zum Austausch von Dokumenten genutzt wird. Es ist zu erwarten, das die Ausbreitungsgeschwindigkeit von Makro-Viren weiter zunimmt.

5.3.3. Denial of Service Attacks

Diese Art von Angriffen hat den temporären Ausfall von Teilen oder des gesamten Ziel-Systems zur Folge. Jegliche Netzkomponente, wie z.B. Router, Netzwerkdrucker, etc. können Ziel eines Angriffs sein. Ein Reboot behebt die Folgen meist ohne weiteren Schaden. Ist der betroffene Host jedoch von zentraler Bedeutung (Fileserver, Gateway, etc.), so kann der Angriff großen Schaden anrichten.

Schwachstellen, die die Systeme verletzbar machen, sind meist die mangelhaften Implementierungen der Netzwerkfunktionen durch die Betriebssystemhersteller. Selten kann ein Netzwerkadministrator Maßnahmen ergreifen, die dauerhaft Schutz vor Denial of Service (DoS) Angriffe bieten. Zur dauerhaften Abwehr ist man auf Nachbesserungen der Betriebssystemhersteller angewiesen.

5.3.3.1. Ping of Death

Dieser Angriff tauchte erstmals im Herbst 1996 auf und basiert auf der Internet Control Message Protocol Nachricht ECHO REQUEST (IMCP; siehe 2.3.2.1), bzw. auf dem Mechanismus, mit dem IP Datagramme fragmentiert werden. Eine Auflistung betroffener Systeme bietet [11]. Besonders heimtückisch an diesem Angriff ist, daß

1. der Angreifer nur die IP-Adresse des Zielrechners wissen muß,

2. auch Netzwerkdrucker, Router, Terminaladapter, etc. vieler Hersteller angreifbar sind, und

3. der Angriff mit dem Programm ping ausgeführt werden kann[6].

Bei diesem Angriff wird die schlechte Implementierung der Netzwerk-Stacks der Betriebssysteme ausgenutzt. Aus Performancegründen wird bei der Reassemblierung von IP-Datagrammen oft keine Plausibilitätsprüfung implementiert. Dadurch wird es möglich, im Zielrechner IP-Datagramme reassemblieren zu lassen, die größer als das Limit von 65535 Byte sind. Enthält ein Fragment einen manipulierten Offset, so daß gilt: Offset + Größe der Nutzdaten > 65535, erzeugen viele IP-Implementierungen ein IP-Datagramm, das größer als 65535 Bytes ist. Die Größe des Datagramms verursacht eine Speicherschutzverletzung, die das System anhält.

Eine andere Möglichkeit, einen schlecht implementierten Reassemblierungsalgorithmus zu mißbrauchen schildert [30].

5.3.3.2. SYN Flooding

SYN Flooding basiert auf einer Schwachstelle in der Definition von TCP: Beim Verbindungsaufbau entscheidet der Client, ob das Handshake abgeschlossen wird, oder nicht (siehe Abschnitt 2.4). Diese Schwachstelle läßt sich für Angriffe wie folgt nutzen:

1. Jedes Betriebssystem verwendet Warteschlangen, um halb geöffnete TCP Verbindungen zu verwalten. Da halbgeöffnete TCP Verbindungen in der Regel schnell bestätigt werden, sind diese Warteschlangen klein (Sun Solaris, Linux: 10 Verbindungsanfragen, Windows NT: 6 Anfragen). Ist diese Warteschlange durch absichtlich generierte halboffene Verbindungen gefüllt, so kann der Rechner keine TCP Verbindungsanfragen mehr annehmen, bis in der Warteschlange durch einen Timeout (Connection Establishment Timer: Ablauf nach 75 Sekunden) wieder Platz frei wird. Mit einer ausreichenden Frequenz von Verbindungsaufbauanfragen läßt sich, bei geringer Netzlast, die Netzwerkschnittstelle jedes Rechners lahmlegen. Dazu werden Verbindungsanfragen mit einer gefälschten Senderadresse gesandt. Ist die Senderadresse keinem Rechner zugewiesen, so geht bereits die Bestätigung des Servers ins Leere.

2. Die in 1. beschriebene Technik ist Grundlage für Spoofing Angriffe: Während der Zeit, in dem das Netzwerkinterface eines Hosts lahm gelegt wird, kann

---

[6]Aufruf mit: `ping -l 65510 host.to.kill.ip.address`

der Angreifer die Identität des angegriffenen Rechners übernehmen, z.B. um gefälschte WWW-Seiten auszugeben, die sensible Daten (Kreditkarten-Nummer, etc.) eines Benutzers abfragen.

Abhilfe könnten allein die Betriebssystemhersteller schaffen, in dem sie in den Netzwerk-Code Mechanismen implementieren, die eine Anhäufung von gleichartigen, halboffenen Verbindungen erkennen. Wird eine Anhäufung gleichartiger Verbindungen erkannt, so könnten z.B. neue Anfragen des gleichen Rechners ignoriert werden. Angriffe könnten in einer Log-Datei protokolliert werden.

6. Sicherheit für das Unternehmens-LAN

Angesichts der Möglichkeiten die Sicherheit eines Unternehmens-LANs zu verletzen, ist es nicht sinnvoll, mit panischen Absicherungsmaßnahmen zu reagieren. Vielmehr muß mit Besonnenheit und sorgfältiger Planung ein Sicherheitskonzept erarbeitet werden.

Die Sicherung eines Unternehmens-LANs ist, im Grunde genommen ein betriebswirtschaftliches Problem: Die Kosten möglicher Schäden müssen den Kosten der Sicherungsmaßnahmen gegenübergestellt werden. Diesen Zusammenhang und den Punkt des kosteneffektivsten Sicherheitsniveaus skizziert Abbildung 9. In der Praxis

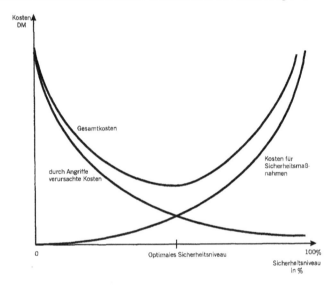

Abbildung 9: Kosten von Sicherungsmaßnahmen und Optimales Sicherheitsniveau

ist dieser Punkt nicht exakt zu ermitteln, da weder die Schäden durch Angriffe, noch die Kosten der Sicherheitsmaßnahmen exakt quantifizierbar sind.

Die Aufstellung eines Sicherheitskonzeptes für ein Unternehmen ist ein praktikabler Weg, schützenswerte Teile des Unternehmens-LANs zu identifizieren und Sicherungsmaßnahmen auf diese Stellen zu konzentrieren, um eine kostenoptimale Absicherung zu finden.

50

6.1. Sicherheitskonzepte

Ein Sicherheitskonzept beschreibt

- den ordnungsgemäßen Gebrauch des Rechnersystems,

- präventive Maßnahmen, um die Rechner oder das Netzwerk vor Angriffen zu schützen und

- Maßnahmen, wie auf Angriffe auf das Systems reagiert wird.

Erstellen eines Sicherheitskonzeptes bedeutet, einen Plan aufzustellen, wie mit den Rechnersystemen umzugehen ist, um die Sicherheit der Rechnersysteme zu gewährleisten.

Ein Sicherheitskonzept sollte in jedem Unternehmen bestehen, das ein Netzwerk betreibt, spätestens aber mit dem Anschluß des Netzwerks an das Internet erstellt werden. Ist bereits ein Sicherheitskonzept für das Unternehmens-LAN vorhanden, so muß dieses erweitert werden, um den neuen Anforderungen gerecht zu werden.

Die Erstellung eines Sicherheitskonzeptes im Detail zu beschreiben, würde den Umfang dieser Arbeit übersteigen, deshalb soll die Erstellung, der Inhalt und die zugrundeliegenden Gedanken hier nur kurz erläutert werden. Das Site Security Handbook [25] gibt einen detaillierten Überblick und Referenzen auf weiterführende Literatur.

6.2. Ordnungsgemäßer Gebrauch des Systems

Grundziel des Sicherheitskonzeptes ist es, die Verantwortung für Tätigkeiten am Rechnersystem festzulegen. Klare Richtlinien für den Umgang mit dem System schaffen die Grundlage für notwendige Maßnahmen und erleichtern die Beurteilung von Zwischenfällen im Sicherheitskonzept. Die Richtlinien basieren auf den Ergebnissen der Bedrohungsanalyse, wie sie in Abschnitt 5.2 beschrieben ist.

Da ein Sicherheitskonzept nie vollständig sein kann, müssen Leitsätze definiert werden, die allgemein anwendbar sind, ohne detaillierte Anweisungen zu erteilen.

Bei der Aufstellung eines Sicherheitskonzepts sollte folgendes berücksichtigt werden:

- Verantwortung und Rechte der Benutzer.

  Jeder Benutzer ist mitverantwortlich für die Sicherheit des Gesamtsystems.

Der einzelne Benutzer ist für sein Handeln persönlich verantwortlich. Er hat das Recht auf die Privatheit seiner persönlichen Dateien und Email.

- Verantwortung der Systemadministratoren.
  Die Systemadministratoren sind für den Betrieb der Systeme verantwortlich. Deshalb müssen alle Tätigkeiten der Administratoren im Sicherheitskonzept berücksichtigt werden, die für den Erhalt der Sicherheit notwendig sind. Dazu zählen: Vergabe von Berechtigungen, Kontrolle der System-Nutzung, Backup Strategie, Zugriff auf Benutzer-Dateien, etc.

- Umgang mit Ressourcen.
  Für jede Ressource muß definiert werden, welche Benutzer, in welcher Form autorisiert sind, diese zu Nutzen. Indem die Nutzung einer Ressource für bestimmte Zwecke explizit verboten wird, kann der Mißbrauch später besser abgegrenzt werden. Soll der Gebrauch einer Ressource protokolliert werden, so muß auch dies Bestandteil des Sicherheitskonzeptes sein. Besondere Beachtung sollte Ressourcen geschenkt werden, die sensitive Informationen betreffen. Man beachte, daß auch die einzelnen Dienste des Internets Ressourcen darstellen.

- Verhalten bei Erkennen einer Verletzung des Sicherheitskonzeptes.
  Um schnell Gegenmaßnahmen einzuleiten, muß festgelegt sein, was ein Benutzer zu tun hat, wenn er eine Verletzung der Sicherheit feststellt. Dazu sollte zumindest eine Liste von Kontaktpersonen bekannt gegeben werden, denen der Vorfall sofort gemeldet werden muß.

Sowohl existierende Unternehmenskonzepte und -philosophien als auch geltende Gesetze (Datenschutzgesetz, etc.) müssen im Sicherheitskonzept berücksichtigt werden, um Widersprüche zu vermeiden.

Das Konzept sollte von Beauftragten der Firmenleitung mit Unterstützung der Netzwerkverantwortlichen und Administratoren erstellt werden. Um die Akzeptanz des Sicherheitskonzeptes bei allen Betroffenen zu erhöhen, ist es ratsam, diese frühzeitig in den Gestaltungsprozeß einzubinden.

Wird ein Regelwerk aufgestellt, so ist davon auszugehen, daß dagegen verstoßen wird. Für diesen Fall sind differenzierte Richtlinien zu schaffen. Folgendes sollte dabei berücksichtigt werden:

- Unterschiedliche Richtlinien für Angriffe von Außen und von Innen.

- Welche Sanktionen werden gegen den Verursacher verhängt?

- Wie wird reagiert, wenn ein Benutzer des Unternehmens-LANs externe Rechnersysteme angreift?

6.3. Definition von Maßnahmen, die Sicherheitsrisiken vermindern

Aus der Bedrohungsanalyse und den entwickelten Richtlinien lassen sich die schützenswerten Ressourcen ermitteln. Analysiert man jetzt die Schwachstellen der schützenswerten Ressourcen, so gewinnt man Anhaltspunkte, wo Schutzmaßnahmen wirken müssen.

Es gibt in den verschiedenen Rechner-Systemen eine Vielzahl von Schwachstellen. Da es nicht möglich ist, diese vollständig aufzulisten, wird versucht, die Schwachstellen allgemein zu kategorisieren.

Die Kategorien von Schwachstellen in Rechnernetzen sind:

1. Zugangspunkte.

   Zugangspunkte sind Einrichtungen eines Rechnernetzes, die externen Zugriff auf das lokale Netzwerk ermöglichen. Im Unternehmens-LAN sind das die Gateways oder Router, die das Unternehmens-LAN mit dem Internet verbinden oder Remote Access-Server (RAS-Server). Unter Remote Access-Servern versteht man Rechner, die einen Modem-Pool verwalten und externen Benutzern über Fernsprechleitungen Zugang zu dem lokalen Netzwerk ermöglichen. Modems an Arbeitsplatzstationen können Zugangspunkte sein, wenn sie für den Zugang zum Internet verwendet werden können oder Remote Access Services anbieten. Zugangspunkte sind die ersten Stellen vom Unternehmens-LAN, die mögliche externe Angreifer passieren müssen.

2. Schlecht konfigurierte Systeme.

   Die zunehmende Komplexität der Computersysteme erfordert immer mehr spezielles Know-How, um eine sichere Konfiguration eines bestimmten Betriebssystems zu erreichen. Zusätzlich hinterlassen Installationsprozeduren der

Betriebssystemhersteller oft Systeme, die sicherheitstechnisch nicht tragbar sind.

3. Softwarefehler.

   Fehlerhafte Software schafft externen Angreifern Möglichkeiten, unberechtigten Zugriff auf Informationen des Systems zu erlangen oder es in seiner Funktion zu beeinträchtigen (Denial of Service).

4. Unsichere Software.

   Hierunter fallen Applikationen die Sicherheitslücken auftun, indem mit ihren integrierten Makro-Sprachen Programme möglich sind, die destruktiv auf das System einwirken (z.b. Word Macros, Postscript). Unsicher sind auch Komponenten von Netzwerkapplikationen, die über das Netzwerk Vollzugriff auf das lokale Dateisystem ermöglichen. Beispiele hierfür sind: Active-X und Java-Script als Komponenten von WWW-Browsern.

   Java baut auf einem Sicherheitskonzept auf und ist deshalb nur bedingt als unsicher einzustufen.

5. Schwache Dateisysteme.

   Dateisysteme ohne Zugriffsschutz auf Dateiebene, bieten ideale Angriffsmöglichkeiten für Viren und Trojanische Pferde. Da der Benutzer für alle Dateien Schreibrechte besitzt, können sich Viren leicht ausbreiten.

6. Normale Benutzer.

   Benutzer können unabsichtlich oder absichtlich dazu beitragen, daß ein System angreifbar wird. Der Wert, den ein Account und das zugehörige Paßwort darstellt, wird oft vom Benutzer oft nicht erkannt. Daraus resultiert ein leichtsinniger Umgang mit den Daten, z.B. Ausleihen von Accounts, Notizzettel mit Passwort am Bildschirm oder einfach zu erratende Paßwörter.

Zu den genannten Kategorien von Schwachstellen können Leitsätze aufgestellt werden, welche das Risiko eines Angriffs vermindern.

Absicherung der Zugangspunkte

Zugangspunkte sind ideale Punkte, den Zugriff auf das lokale Netzwerk zu steuern und zu überwachen. Idealerweise sollte nur ein einziger Zugangspunkt vom Internet bzw. ein RAS-Server existieren. Das ermöglicht die *Überwachung* und *Steuerung* des Verkehrs in das und aus dem Unternehmens-LAN von einer *zentralen* Stelle aus. *Überwachung* heißt, daß ankommender als auch abgehender Verkehr mitprotokolliert wird. *Steuerung* bedeutet, daß es möglich ist, Kommunikation unter verschiedenen Bedingungen zu gestatten oder zu verbieten. Systeme mit diesen Eigenschaften werden Firewalls genannt.

Die intensive Absicherung eines einzigen Zugangspunktes schafft kostenoptimal ein hohes Maß an Sicherheit für alle Komponenten des lokalen Netzwerks.

Wirksamer Schutz kann jedoch nur gewährleistet werden, wenn der Zugang zum Internet ausschließlich über ein Firewall möglich ist. Aus diesem Grund sollten alle Modems an Arbeitsplätzen, die, unter Umgehung des Firewalls, den Zugang zu dem Unternehmens-LAN ermöglichen, entfernt werden.

Zur Konfiguration eines Firewall Systems sind zwei Ansätze möglich:

1. Alles, was nicht verboten ist, ist erlaubt.

2. Alles, was nicht erlaubt ist, ist verboten.

Ansatz 2 ist unbedingt vorzuziehen, da auf diese Art und Weise eine höhere Sicherheit erzielt wird. Für jeden notwendigen Dienst sind die notwendigen Kommunikations-Kanäle zu definieren, und nur diese sind dann freizuschalten.

In angemessen kurzen und regelmäßigen Abständen muß die Funktionsfähigkeit des Firewalls überprüft und die Log-Dateien auf verdächtigte Eintragungen kontrolliert werden, damit das System wirksam bleibt. Die Überprüfungsintervalle müssen kurz gewählt sein, damit ein Angriff frühzeitig erkannt und schnell Gegenmaßnahmen eingeleitet werden können.

Es ist zu beachten, daß ein Firewall einen *Single Point of Failure* schafft. Angesichts der Effektivität eines Firewalls sollte dieser Nachteil in Kauf genommen werden. Gegebenenfalls ist der Ausfall des Firewall-Systems ausreichend abzusichern.

Die Komponenten eines Firewall-Systems und die Methoden zur Sicherung der Zugangspunkte beschreibt Abschnitt 7.

Schlecht Konfigurierte Systeme

Die Sicherheit eines Netzwerks ist abhängig vom Sicherheitsniveau der einzelnen Komponenten. Das Gesamtsystem kann nur so sicher sein, wie die unsicherste

Komponente im Gesamtsystem. Bei der Konfiguration bzw. Wartung eines einzelnen Systems ist dabei folgendes zu beachten:

- Unnötige Dienste und Funktionen müssen abgeschaltet werden.

- Aufzeichnungsfunktionen müssen effektiv eingesetzt werden.

- Jedes System muß auf Sicherheitslücken überprüft werden.

In Unix-Umgebungen ist besondere Sorgfalt für die Konfiguration des *Network Information Service* (NIS) und des *Network File Systems* (NFS) zu verwenden. Diese beiden Dienste stellen bevorzugte Angriffsziele dar, da sie bei falscher Konfiguration Zugriff auf sensitive Informationen (Benutzerdaten) oder auf das ganze Dateisystem ermöglichen.

Softwarefehler

Es ist nicht möglich, fehlerfreie Software zu erstellen. Um die Sicherheit des Netzwerkes trotzdem zu erhalten, ist es notwendig, alle verfügbaren Informationsquellen aufmerksam zu verfolgen, um auf sicherheitsrelevante Softwarefehler schnell reagieren zu können.

Dauerhafte Sicherheit bietet nur ständige Aktualisierung der Software durch Patches oder eine neue Version des entsprechenden Programms. Kurzfristig können provisorische Maßnahmen die Sicherheit aufrecht erhalten. Als provisorische Maßnahmen können z.B. Netzwerkdienste an einem Firewall gesperrt werden.

Unsichere Software

Das Sicherheitskonzept sollte Regelungen zum Einsatz unsicherer Software beinhalten. Es ist im Einzelfall abzuwägen, ob eine Applikation trotz bestehender Sicherheitsmängel eingesetzt wird.

Schwache Dateisysteme

Für den Umgang mit Systemen, die keinen Zugriffsschutz auf Datei- oder Verzeichnisebene bieten, müssen besondere Regelungen im Sicherheitskonzept aufgestellt werden. Empfehlenswert ist, wenn immer möglich, auf den Einsatz von Systemen mit einem schwachen Dateisystemen zu verzichten oder diesen Systemen nur eingeschränkten Zugriff auf das Internet zu gestatten.

Reguläre Benutzer

Um Benutzer auf die Sicherheitsproblematik aufmerksam zu machen, sollten diese vor dem ersten Zugang zum Netzwerk bzw. Computer ein Dokument mit den relevanten Punkten des Sicherheitskonzeptes unterschreiben. Jeder Benutzer sollte besonders darauf hingewiesen werden, aktuelle Mitteilungen in Form von Mailings oder Hinweise beim Login zu lesen und zu beachten.

Die Benutzer sollten ebenso soweit geschult sein, daß sie den Mißbrauch ihres Accounts erkennen können. Im Fall eines Angriffs müssen den Benutzern Kontaktpersonen bekannt sein, die zu verständigen sind.

Es müssen Regeln für den Umgang mit Benutzer-Namen und Paßwörtern aufgestellt werden. Die Benutzer sollten zum regelmäßigen Wechsel des Paßwortes und der Verwendung starker Paßwörter gezwungen werden. Ein starkes Paßwort ist eine Buchstabenkombination aus Ziffern, großen und kleinen Buchstaben, die keinen Sinn ergibt. Paßwörter sollten generell aus mindestens acht Zeichen bestehen.

Besonders in Großbetrieben ist es notwendig die Benutzer zu informieren, wer für die Vergabe und Pflege der Accounts auf den Rechnersystemen verantwortlich ist. Jeder Benutzer sollte unterrichtet werden, daß er sein Paßwort an *Niemanden* weitergeben darf. Falls es zu Wartungszwecken notwendig ist, sollte ein Systemadministrator das Benutzer-Paßwort auf einen default-Wert einstellen, die Wartung durchführen und anschließend den Benutzer zwingen, sein Paßwort wieder zu ändern.

6.4. Reaktion auf Sicherheitsangriffe

Es muß davon ausgegangen werden, daß Angriffe auf die Sicherheit des Rechnersystems auftreten. Aus diesem Grund muß das Sicherheitskonzept definieren, wie auf einen Angriff reagiert wird.

Es sind dabei Angriffe von Außen und von Innen zu unterscheiden. Angriffe von Außen werden von Personen verursacht, die nicht dem Unternehmen angehören oder keine Berechtigung zur Benutzung der Rechnersysteme haben. Angriffe von Innen sind durch Personen verursacht, die die Rechte auf dem Rechnersystem des Unternehmens besitzen. Im folgenden soll vor allem auf Angriffe von Außen eingegangen werden. Für Angriffe, die vom Unternehmens-LAN ausgehen und auf andere Systeme des Internets gerichtet sind, sollten geeignete Sanktionen innerhalb des Unternehmens festgelegt werden.

Grundsätzlich sind zwei Strategien möglich, auf einen Angriff von Außen zu reagieren:

1. Die Sicherheitslücke die den Angriff ermöglichte, wird geschlossen. Schlimmstenfalls wird der Zugang zum Internet abgetrennt. Eventuelle Schäden werden behoben, der Angreifer und seine Techniken werden nicht weiter verfolgt. Dies wird als "Protect and Proceed" Strategie bezeichnet.

2. Dem Angreifer wird es gestattet, seinen Angriff unter Aufsicht weiter zu betreiben. Dazu werden sensitive Bereiche gesperrt bzw. manipuliert, so daß dem Angegriffenen kein weiterer Schaden entstehen kann. Ziel dieser "Pursue and Prosecute"-Strategie ist es, den Angreifer zu Identifizieren und zur Rechenschaft zu ziehen.

Im allgemeinen wird die erste Strategie zum Einsatz kommen, da sie mit weniger Aufwand und Kosten verbunden ist. Man sollte sich aber darüber bewußt sein, daß dies den Angreifer schützt, da er seine Angriffe unbehelligt an anderer Stelle fortsetzen kann. Im Sinne einer Mitverantwortung für andere Nutzer des Internets sollte überlegt werden, ob nicht in bestimmten Fällen die zweite Strategie angewendet werden sollte.

Für den Fall eines Angriffs muß eine Prioritätenliste erstellt werden, die beschreibt, in welcher Reihenfolge welche Maßnahmen getroffen werden müssen. Ferner muß überlegt werden, unter welchen Bedingungen und in welchem Umfang externe Institutionen zur Unterstützung herangezogen werden sollen.

Erkenntnisse aus Angriffen und der Abwehr sollten in geeigneter Form nachbereitet werden. Die Ergebnisse der Nachbereitung sollten genutzt werden, um das Sicherheitskonzept zu verbessern.

7. Maßnahmen zur Sicherung des Unternehmens-LAN

Aus dem Sicherheitskonzept ergeben sich konkrete Maßnahmen, die die Sicherheit des Unternehmens-LAN steigern. Durch den effektiven Einsatz läßt sich kostengünstig ein hohes Sicherheitsniveau im Unternehmens-LAN halten. Keine der Maßnahmen garantiert dauerhafte Sicherheit, vielmehr muß jede einzelne Maßnahme laufend kontrolliert und überwacht werden. Die einzelnen Maßnahmen sind:

- Sicherung der Zugangspunkte durch Einsatz von Firewalls.

- Schaffen von effektiven Logging-Mechanismen zur Überwachung des Netzwerkverkehrs.

- Absicherung des LANs vor Viren.

- Sicherung der Konfiguration der einzelnen Workstations im Unternehmens-LAN.

7.1. Aufbau eines Firewalls

Definition: "Ein Firewall ist eine Schwelle zwischen zwei Netzen, die überwunden werden muß, um Systeme im jeweils anderen Netz zu erreichen. Es wird dafür gesorgt, daß jede Kommunikation zwischen den beiden Netzen über den Firewall geführt werden muß. Auf dem Firewall sorgen Zugriffskontrolle und Audit dafür, daß das Prinzip der geringsten Berechtigung durchgesetzt wird und potentielle Angriffe schnellstmöglich erkannt werden." [19]

Da die Sicherung und das Auditing an zentraler Stelle erfolgt, werden alle Systeme hinter dem Firewall abgesichert. Andernfalls müßten für jedes einzelne System im lokalen Netzwerk Sicherungsmaßnahmen getroffen werden. Bei einem großen Netzwerk entsteht dadurch ein immenser Verwaltungsaufwand. Von großem Vorteil sind die Möglichkeiten der Überwachung, die sich mit der Installation eines Firewalls ergeben: An einer einzigen Stelle kann der gesamte Internet-Verkehr zentral überwacht werden.

Die Anordnung eines Firewalls in einem Unternehmens-LAN mit Internet-Zugang zeigt Abbildung 10.

Die Aufgabe eines Firewalls ist es, Angriffe aus dem Internet zu verhindern, ohne

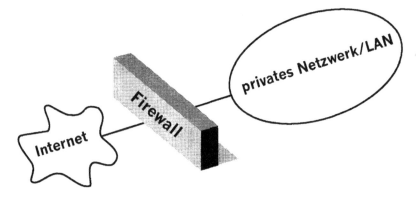

Abbildung 10: Firewall in einem LAN mit Internet Zugang

die Benutzer des LANs zu behindern.

Firewalls können unterschiedlich aufgebaut sein, bestehen aber im wesentlichen aus einer oder mehreren Einzelkomponenten. Diese Einzelkomponenten können sein:

1. Packet-filtering Router.

2. Application-level Gateway (Proxy Server).

3. Circuit-level Gateway.

Packet-filtering Router

Ein Paket-filternder Router entscheidet gemäß definierter Regeln, welches Datagramm der Netzwerkschicht weitergeleitet wird und welches nicht. Router vermitteln Pakete zwischen zwei Netzwerken auf Netzwerkebene des ISO/OSI Referenzmodells. Aus diesem Grund können Packet-filternde-Router den Netzwerkverkehr nur auf Basis von Netzwerk-Adressen (IP-Adressen) filtern. Das heißt, nur der Zugriff auf bestimmte Rechner oder Subnetze des LANs oder des Internets kann eingeschränkt werden. Kann ein Router Datagramme auf Ebene 4 (Transportschicht) des ISO/OSI Protokolls filtern, so spricht man von der Fähigkeit einer dienstabhängigen Filterung (Service-Dependent Filtering).

Paket-filternde Router lassen nur eine sehr grobe Filterung des Netzwerkverkehrs zu, da nicht nach dem Inhalt einer Kommunikation, sondern nur nach Art der Kom-

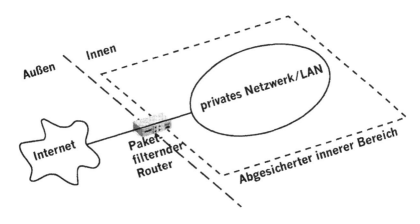

Abbildung 11: Packet-filtering Router als Firewall

munikation (Sender, Empfänger, Protokoll, etc.) unterschieden werden kann. In vielen Fällen ist das nicht ausreichend. Soll beispielsweise eine Anwendung in ihrer Netzwerk-Funktionalität eingeschränkt werden, so ist es notwendig, die Kommunikation auf Applikationsebene zu filtern.

Application-level Gateways

Application-level Gateways arbeiten auf Ebene 7 (Applikationsschicht) des ISO/OSI Referenzmodells und bieten mehr Möglichkeiten, den Netzverkehr zu kontrollieren, da der Inhalt der Kommunikation untersucht werden kann. Für jede Netzwerk-Anwendung (z.B. SMTP, FTP, HTTP) wird ein spezieller, sogenannter Proxy-Service installiert, über den die Netzwerk-Kommunikation der Anwendungen geführt wird. Anwendungen, für die kein Proxy-Service installiert ist, können nicht mit Rechnern der anderen Seite kommunizieren. Da Proxy-Server auf Applikationsebene arbeiten, ist es möglich die Netzwerkfunktionalität einer Anwendung einzuschränken und die Vorgänge genau zu protokollieren. Proxy Server ermöglichen es, bestimmte Anwendungen mit einer zusätzlichen Authentisierung zu versehen. Deshalb sind Application-level Gateways besonders gut für die Absicherung von eingehenden Verbindungen geeignet.

Es ist sinnvoll, alle Proxy-Server eines Firewalls in einem besonders gesicherten, Rechner zu konzentrieren, um den Konfigurations- und Überwachungsaufwand so gering wie möglich zu halten. Solche spezialisierten Rechner werden auch "Bastion-

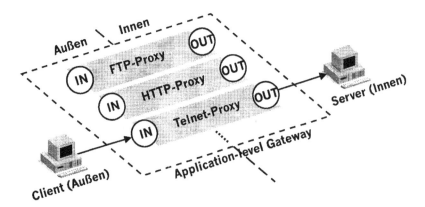

Abbildung 12: Application-level Gateway und Proxy-Services als Firewall

Hosts" genannt.

Circuit-level Gateways

Circuit-level Gateways arbeiten nach dem gleichen Prinzip wie Application-level Gateways, ohne jedoch die Kommunikation einzuschränken. Als Relais-Station haben sie die Aufgabe, den Netzwerkverkehr lediglich zu vermitteln und zu überwachen. Circuit-level Gateways werden meist eingesetzt, um Benutzern des inneren Netzwerks transparenten Zugriff auf das Internet zu gestatten.

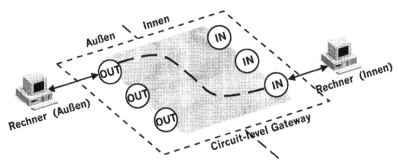

Abbildung 13: Circuit-level Gateways

Diese Einzelkomponenten können auf verschiedene Art und Weise kombiniert werden. Die meisten kommerziellen Produkte verbinden alle drei Komponenten in einem Softwarepaket und erleichtern so die Konfiguration, Installation und Wartung erheblich. Ein Firewall läßt sich auch aus Public Domain Software aufbauen, jedoch wird die Kostenersparnis in der Anschaffung von den teureren Betriebskosten, verursacht durch aufwendigere Wartung der Einzelkomponenten, schnell aufgezehrt werden.

Die höchste Sicherheit bietet eine Firewallkonfiguration, wie sie in Abbildung 14 dargestellt ist. Kernpunkt dieser Konfiguration ist die sogenannte "Demilitari-

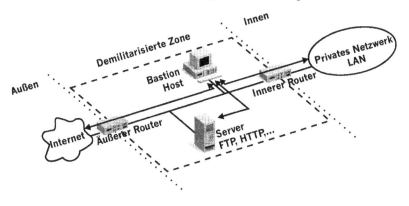

Abbildung 14: Screened Subnet Firewall

sierte Zone" (DMZ). Zwischen dem Internet und dem Unternehmens-LAN wird ein kleines, isoliertes Netzwerk aufgebaut, über das der Netzwerkverkehr zwischen dem privatem Netzwerk und dem Internet vermittelt wird. Der äußere Router schützt vor IP-Spoofing, Source Routing - oder anderen einfachen Angriffen. Pakete aus dem Internet werden nur an den Bastion Host weitergeleitet. Der innere Router regelt den Verkehr zwischen der DMZ und privatem LAN, in dem er Pakete aus dem privaten Netz ebenfalls nur an den Bastion-Host vermittelt. Jeder Datenverkehr zwischen dem privatem Netz und dem Internet muß somit den Bastion-Host passieren.

Die Vorteile dieser Konfiguration sind:

- Ein Angreifer aus dem Internet muß 3 einzelne Komponenten überwinden, um ins private Netz vorzudringen.

- Da der äußere Router nur die Systeme der DMZ kennt, wird das private LAN vor dem Internet verborgen.

- Da der innere Router nur eine Route zu Systemen der DMZ bietet, müssen Benutzer des privaten Netzwerks Proxy-Server des Bastion-Hosts für den Zugang zum Internet nutzen.

- Der Bastion-Host ist der ideale Ort, Network Address Translation (NAT) zu installieren.

Da das Angebot von Firewallsystemen sehr groß ist und die einzelnen Systeme in ihrer Funktionalität sehr ähnlich sind, soll hier exemplarisch nur ein System genauer betrachtet werden. Das Produkt FireWall-1 der Firma Check Point ist das marktführende System, mit den weltweit meisten Installationen. Im Anhang B sind Adressen anderer Anbieter von Firewall Systemen aufgeführt.

7.2. Check Point FireWall-1

7.2.1. Konzept

FireWall-1 [22] ist ein verteiltes Client/Server System, das die Funktionen eines Firewalls auf drei Module aufteilt:

1. Firewall Module
   Das Firewall Modul realisiert die Zugriffskontrolle auf Systeme hinter dem Firewall (d.h. Rechner des Unternehmens Netzwerks), indem es Netzwerkverkehr nur unter bestimmten Bedingungen gestattet. Diese Bedingungen werden durch Regeln definiert.

2. Management Client
   Der Management Client ist ein Werkzeug mit graphischer Benutzeroberfläche, das ein komfortables Bearbeiten der Regeln des Firewall Moduls gestattet. Der Log-File Browser ermöglicht die Überwachung des Netzverkehrs einzelner Firewall-Module. Es kann die Datenbasis eines Management Servers oder eines einzelnen Firewall Moduls verwaltet werden.

3. Management Server
   Der Management Server hält die Konfiguration aller Firewall Systeme eines Unternehmens-Netzwerkes und ermöglicht so zentrale Verwaltung und Überwachung dieser Systeme.

Dieses Konzept ermöglicht es, einzelne Module auf unterschiedlichen Plattformen einzusetzen, sie aber dennoch zentral zu betreuen und zu überwachen. Die Kommunikation zwischen den Modulen erfolgt verschlüsselt, so daß eine Fernwartung auch über das Internet möglich ist.

Check Points Open Platform for Secure Enterprise Connectivity Architecture (OPSEC) ermöglicht es Drittanbietern, eigene Produkte in das FireWall-1-System zu integrieren. OPSEC definiert Programmier-Schnittstellen, die den Zugriff auf Funktionen des FireWall-1-Systems ermöglichen. OPSEC beinhaltet Schnittstellen zu Industrie Standards wie z.B. LDAP[7], SNMP[8], sowie zu proprietären Protokollen, die von Check Point entwickelt wurden. Dazu zählen zum Beispiel das Content Vectoring Protocol (CVP) oder das Suspicious Activity Monitoring Protocol (SAMP).

7.2.2. Firewall Modul

Das Firewall Modul wird in der Regel auf einem Gateway installiert. Das heißt, auf einem Rechner, der mit mehreren Netzwerken verbunden ist. Aufgabe dieses Moduls ist es, den Netzverkehr gemäß den aufgestellten Regeln zu Filtern und zu protokollieren.

Die Zuordnung der Komponenten des Firewall Moduls zum ISO/OSI Referenzmodell zeigt Abbildung 15.

Das Firewall-Modul besteht aus zwei Komponenten: Das Inspection Modul und den Security Server.

Inspection Modul Das Inspection Modul ist zwischen dem Data Link Layer und dem Network Layer des ISO/OSI Referenzmodells implementiert und realisiert die Funktionen des Paket-filternden Routers (siehe Abschnitt 7.1). Da FireWall-1 die Netzwerkkomponenten des Betriebssystems austauscht, kann bei hoher Performance jedes Paket untersucht werden, bevor es in die nächsthöhere Netzwerkschicht weitergereicht wird. Ein Paket wird nur dann weitergereicht, wenn eine Regel existiert, die dies zuläßt. Alle anderen Pakete werden verworfen, bzw. abgelehnt.

Security Server Die Security Server von FireWall-1 implementieren Application-Level- und Circuit-Level Gateways, d.h. sie kontrollieren und überwachen

---

[7]Lightweight Directory Access Protokoll
[8]Simple Network Management Protocol

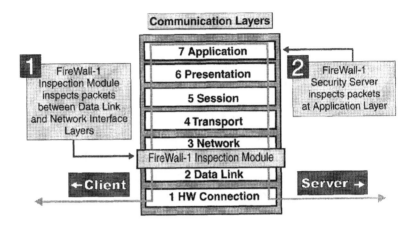

Abbildung 15: Komponenten des Firewall Moduls und ISO/OSI Referenzmodell [22]

die Kommunikation auf Applikationsebene. Das Standard FireWall-1-System enthält Security Server für HTTP, SMTP und FTP.

Check Point nennt die Methode, nach der das Inspection Modul arbeitet "statefull inspection". Das bedeutet, daß die Kommunikation auf Basis einer Verbindung zweier Kommunikationspartner gefiltert wird, auch dann, wenn es sich um eine Kommunikation mit einem verbindungslosen Protokoll (z.B. UDP) handelt. Erreicht wird dies, indem gleichartige Pakete vor der Filterung einer Verbindung zugeordnet werden. Der Vorteil dieser Technik scheint in der Performance-Steigerung zu liegen. Dem Autor ist kein Argument bekannt, das belegt, daß diese Methode die Sicherheit gegenüber einer einfachen Paketfilterung entscheidend verbessert.

Die Steuerung der FireWall-1-Komponenten erfolgt durch die Objekt-orientierte Script-Sprache "INSPECT". Compilierte INSPECT-Scripts ergeben die Regel-Basis eines Firewall Moduls. Durch INSPECT-Scripts kann das Firewall Modul an beliebige Protokolle der Applikationsebene angepaßt werden. Mit INSPECT werden zunächst Objekte, wie z.B. Subnetzwerke, einzelne Rechner, etc. definiert. Für die einzelnen Objekte werden dann Regeln aufgestellt, welches Protokoll, zu welcher Zeit, für wen und in welcher Richtung zulässig ist. Jede Regel kann zusätzlich mit einer Aktion verbunden werden. Mögliche Aktionen sind z.B. Logging, Generieren eines Alarms oder Authentisierung.

7.2.3. Management Client

Der Management Client ermöglicht das Generieren und Compilieren von INSPECT Scripts mit Hilfe einer graphischen Benutzeroberfläche. Wahlweise kann ein einzelnes FireWall Modul oder eine Gruppe von Modulen zentral konfiguriert und überwacht werden.

7.2.4. Authentifizierung

FireWall-1 ermöglicht Authentifizierung auf verschiedenen Ebenen:

1. Benutzer Authentifizierung.

   Benutzer eines Dienstes mit dieser Einschränkung müssen sich am Firewall authentifizieren, bevor sie den Dienst nutzen können.

2. Client Authentifizierung.

   Ein Rechner authentisiert sich beim Firewall, um verschiedene Dienste nutzen zu können.

3. Session Authentifizierung.

   Ein Rechner muß sich für jede Verbindungsanforderung erneut authentifizieren. Die Authentifizierung erfolgt durch sogenannte Authentication Agents des Clients und ist für den Benutzer transparent.

7.2.5. Network Address Translation (NAT)

FireWall-1 beherrscht Network Address Translation auf zwei verschiedene Arten:

- Dynamische NAT.

  IP-Adressen des privaten Netzwerks werden in eine einzige äußere IP-Adresse umgesetzt. Alle Adressen des privaten Netzwerkes sind, vom Internet aus, nicht sichtbar ("Hide Mode"). Diese Form der NAT wird eingesetzt, um die Anzahl der notwendigen public IP-Adressen zu reduzieren.

- Statische NAT.

  Jeder IP-Adresse des privaten Netzwerks wird eine eigene, äußere IP-Adresse zugeordnet.

7.2.6. Virenschutz

Das Content Vectoring Protocol (CVP) ermöglicht es, Virenscanner von Dritther-
stellern einzusetzen, die ebenfalls dieses Protokoll unterstützen. Fast alle führenden
Hersteller von Virenscannern bieten Versionen ihrer Scanner an, die CVP unterstützen.
CVP ist ein Client/Server Protokoll. Das Firewall Modul agiert dabei als Client
und übermittelt einem Virus-Scan-Server Dateien zur Überprüfung. Der Virus-
Scan-Server überprüft die Datei und übermittelt das Ergebnis der Prüfung an das
Firewall-System. Die Überprüfung kann für verschiedene Dienste, z.B. FTP, SMTP
durch eine entsprechende Regel bestimmt werden.

7.2.7. Verschlüsselung

Zum Aufbau von Virtual Private Networks (siehe Abschnitt 8) und zur Anbindung von z.B. externen Rechnern über das Internet ist es notwendig, die Kommunikation zu Verschlüsseln, um die Integrität und die Vertrautheit der Nachricht
beim Transport über das Internet zu bewahren. FireWall-1 bietet hierzu mehrere
Verschlüsselungsverfahren und entsprechende Key-Management Systeme an. Die
Verschlüsselung des Netzverkehrs kann auf einzelne Protokolle beschränkt werden.
Das Check Point Produkt SecuRemote ermöglicht Mitarbeitern mit Internet-Zugang
über Windows-PCs den sicheren Zugang zum Unternehmensnetzwerk durch ver-
schlüsselte Datenübertragung zwischen PC und Firewall.

7.2.8. Router Management

Die Paketfilterung der Router verschiedener Hersteller läßt sich von der Management
Console des FireWall-1 Systems aus konfigurieren. Für einige Router existieren
spezielle Versionen des Inspection Moduls, so daß die Router Firewall-Funktionalität
(Paket-Filterung, bzw. statefull inspection) übernehmen können.

7.2.9. Performance

Die Performance eines Firewall Systems ist stark abhängig von der Konfiguration
der eingesetzten Hardware, dem darunterliegenden Betriebssystem und den aktivier-
ten Funktionen. FireWall-1 schnitt im Vergleich mit Herstellern anderer Firewall
Produkte als eines der schnellsten Produkte ab. Der maximal erreichte Durchsatz
betrug dabei knapp 60 MBit/s [33].

Die Firma KeyLabs Inc. untersuchte die Performance-Unterschiede von verschiedenen FireWall-1 Systemen. Verglichen wurde ein System, das auf Sun-Hardware und dem Betriebssystem Sun Solaris lief, mit einem PentiumPro-System unter Windows NT.

Zusammengefaßt ergab der Test folgende Ergebnisse[21]:

- Die FireWall-1 Performance ist in allen Bereichen besser, wenn es unter Sun Solaris läuft.

- Mit Verschlüsselung erreicht FireWall-1 einen Durchsatz, der ungefähr der effektiven Übertragungsrate einer 10 MBit/s Ethernet Verbindung entspricht.

- NAT und Logging haben keinen wesentlichen Einfluß auf den Durchsatz.

- Die Größe der Regeltabelle beeinflußt den Durchsatz nur unwesentlich.

7.3. Absicherung gegen Viren

Wie in Abschnitt 5.3.2 erläutert wurde, ist eine Absicherung des Unternehmen-LANs durch Client- oder Server-basierte Virus-Scanner bei weitem nicht ausreichend, sobald ein Zugang zum Internet besteht. Vielmehr müssen Dateien schon vor der Übertragung auf das Unternehmens-LAN auf Viren geprüft werden.

Es sind mehrere Ansätze möglich:

1. Einsatz von Proxy-Servern, die FTP und Mail filtern können.

2. Einsatz eines Firewalls mit Content Vectoring Protokoll (CVP) und eines Virenscanners mit CVP Schnittstelle.

3. Einsatz eines Firewalls mit der Fähigkeit Mail und FTP nach Viren zu scannen.

Folgende Faktoren sollten bei der Auswahl eines Produktes berücksichtigt werden:

- Da Dokumente in der Regel komprimiert übertragen werden, sollte das System möglichst viele Komprimierungsverfahren beherrschen.

- Es sollte geprüft werden, inwieweit eine zu starke Abhängigkeit zu einem Lieferanten entsteht, wenn ein bestimmtes System eingesetzt wird.

- Die Update-Möglichkeiten der Virus-Datenbank sollten geprüft werden.

- Die Erkennungsrate der Virenscanner verschiedener Hersteller ist annähernd gleich.

7.4. Überwachung des Netzwerkes

Jedes Betriebssystem bietet mehr oder weniger ausgefeilte Mechanismen, seine Aktivitäten zu protokollieren. Protokolliert werden kann z.b. Accounting, Zugriff auf Dateien oder Zugriff auf das Netzwerk. Um den Internet-Zugang zu überwachen, ist es sinnvoll einen zentralen Zugang zu schaffen und dort alle Aktivitäten zu überwachen. Die Alternative wäre, jedes System des Unternehmens-LAN einzeln zu überwachen.

Die beste Stelle zur Überwachung des Netzwerkverkehrs ist das Gateway zum Internet. Durch Einsatz eines Firewalls als Gateway zum Internet, können Sicherheitsdienste mit Überwachungsfunktionen ideal kombiniert werden.

Die meisten kommerziellen Firewall Produkte beinhalten graphische Browser, die die Log-Files auf verschiedene Weise filtern können. Um Verletzungen der Sicherheit des Unternehmens-LAN frühzeitig aufzudecken ist es notwendig, die Log-Files in regelmäßigen, kurzen Abständen zu überprüfen.

Die Forderungen an ein Werkzeug zur Überwachung des Netzwerkverkehrs sind im einzelnen:

- Ein geeigneter Mechanismus, die Informationsvielfalt zu reduzieren.

- Die kontinuierliche Überwachung des Netzwerkverkehrs.

- Die Erfassung signifikanter Ereignisse.

- Das Werkzeug muß den Bestimmungen des Datenschutzgesetzes entsprechen.

- Der Zugriff auf die ermittelten Daten muß geschützt sein.

Es existieren Möglichkeiten, Überwachungssysteme aus freier (kostenloser) Software aufzubauen.

7.5. Überprüfung der Sicherheit des Netzwerkes

Ein Unternehmens-Netzwerk sollte so sicher wie möglich konzipiert werden. Da Sicherheit kein statischer Zustand ist, müssen die Sicherheitsmaßnahmen ständig erweitert und überprüft werden. Verschiedene Hersteller bieten sogenannte Security-Checker an, die die einzelnen Rechner eines Netzwerkes einer Sicherheitsüberprüfung unterziehen können. Die Vorgehensweise aller dieser Systeme ist gleich: Zuerst wird überprüft, welche Dienste von einem System angeboten werden. Die angebotenen Dienste werden dann auf Sicherheitslücken getestet. Im allgemeinen testen Sicherheits-Checker auch auf unsichere Accounts und schwache Paßwörter. Die Anbieter von Security-Checkern sind in Anhang B aufgeführt.

Vor dem Einsatz dieser Produkte sollte folgendes beachtet werden:

- Überprüfung der Sicherheit einzelner Systeme schafft keine aktive Sicherheit. Eventuell ist es im Sinne einer kostengünstigen Absicherung des Unternehmens-LANs besser, den Aufwand in aktive Sicherungsmaßnahmen zu investieren.

- Software, die Systeme auf Sicherheitslücken überprüft, hinkt den Fähigkeiten der Hacker hinterher. Sie muß auf dem neuesten Stand sein, um möglichst viele Sicherheitslücken zu finden. Ein Restrisiko besteht also trotz Überprüfung.

- Es wird immer nur eine Auswahl von Sicherheitslöchern überprüft. Das Ergebnis "No vulnerabilities detected" führt eventuell zu Annahme falscher Sicherheit.

- Es werden nur Standard-Applikationen, wie z.B. sendmail, ftpd, httpd, X-Windows von Sicherheits-Checkern überprüft.

- Die Dokumentation der Sicherheits-Checker ist eine hervorragende Informationsquelle für Administratoren.

- Die Sicherheitschecker sind vor allem für UNIX Systeme konzipiert.

Es sind Public Domain Programme verfügbar (z.B. SATAN), mit deren Hilfe Systeme einer Grundüberprüfung unterzogen werden können, um z.B. alle Dienste zu identifizieren, die einzelne Systeme anbieten.

8. Virtual Private Networks

Unternehmen, die ein Netzwerk über mehrere Standorte betreiben müssen, waren bislang auf Standleitungen oder Wählverbindungen angewiesen, um die einzelnen Niederlassungen miteinander zu verbinden. Die Verbindung von entfernten Unternehmensstandorten durch öffentliche Kommunikationsnetze ist mit hohen Kosten verbunden. Virtual Private Networks (VPN) bieten eine Möglichkeit, diese Kosten zu reduzieren. Als Synergieeffekt können zusätzlich die Dienste des Internets genutzt werden.

Virtual Private Networks sind private Netzwerke, die öffentliche Netzwerkstrecken (z.B. das Internet) als Teil ihres privaten Netzwerkes nutzen. Die Privatheit der Daten auf dem öffentlichen Teil des Netzwerkes wird durch spezielle Maßnahmen gewährleistet. Privatheit bedeutet, das bei der Übertragung von Nachrichten über öffentliche Netzwerkstrecken die Vertrautheit und Integrität der Nachrichten gesichert ist.

Als öffentliches Netzwerk bietet sich das Internet an, da weltweit Zugangsmöglichkeiten zu günstigen Preisen existieren.

8.1. Voraussetzungen

Um die Privatheit bzw. Sicherheit einer Kommunikation über ein Netzwerk zu gewährleisten, müssen drei Bedingungen erfüllt sein:

1. Authentifizierung.

   Jeder Kommunikationsteilnehmer muß sich der Identität des Kommunikationspartners sicher sein.

2. Integrität der Daten.

   Es muß sichergestellt sein, daß die Daten unverändert beim Empfänger ankommen.

3. Vertrautheit der Daten.

   Die Daten dürfen auf dem Übertragungsweg von Unbefugten nicht einsehbar sein.

Keine dieser Bedingungen wird von den gängigen Netzwerkprotokollen, insbesonderen nicht vom Internet Protocol (IP), erfüllt.

Die Sicherheit der Übertragung kann auf verschiedenen Ebenen der Kommunikation und zwischen verschiedenen Einheiten der Kommunikationsstrecke implementiert werden. Es wird zwischen end-to-end und node-to-node Sicherung unterschieden. Die beiden Arten der Kommunikationssicherung verdeutlicht Abbildung 16. Selbstverständlich können beide Arten auch kombiniert werden. So wird z.B. für

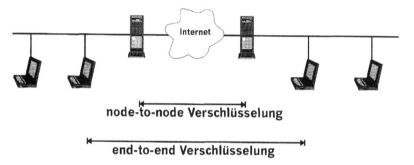

Abbildung 16: End-to-end und node-to-node Kommunikationssicherung

die Kommunikation mit Email immer eine end-to-end Sicherung notwendig sein, wohingegen File-Server Dienste über ein VPN auf node-to-node Sicherung aufbauen können.

Wird die Sicherung des Netzwerkverkehrs auf Ebene 3 (Netzwerkebene) des ISO/OSI Referenzmodells implementiert, dann kann der Netzwerkverkehr aller Applikationen durch einen einzigen Mechanismus abgesichert werden.

Werden mehrere Netzwerke über ein VPN miteinander verbunden, dann müssen die verbundenen Netzwerke das gleiche Sicherheitskonzept besitzen, um die Sicherheit des Gesamtsystems zu gewährleisten. Ist es nicht möglich ein einheitliches Sicherheitskonzept zu realisieren, so muß der Zugriff der einzelnen Netzwerke untereinander in geeigneter Weise eingeschränkt und kontrolliert werden.

Es bietet sich an, die Sicherungsmethoden für ein VPN in ein Firewall System zu integrieren. Viele Hersteller bieten deshalb Firewall-Systeme an, mit deren Hilfe VPNs aufgebaut werden können. Vor allem die Hersteller von Routern bieten Lösungen an, die es ermöglichen, VPNs auch durch spezielle Router aufzubauen.

8.2. Sicherungsmethoden

Aufgrund fehlender Standardisierung haben die Hersteller von VPN-Systemen unterschiedliche Techniken entwickelt, den IP-Verkehr durch Verschlüsselung abzusichern. Um die Interoperabilität verschiedener VPN Systeme zu gewährleisten, versucht momentan eine Gruppe von Herstellern, einen gemeinsamen Standard zu entwickeln. Diese haben sich unter der Bezeichnung S/WAN[9] (Secure Wide Area Network) zusammengeschlossen, um die Interoperabilität ihrer Produkte zu verifizieren.

Als de-facto Standard etablierte sich ein Mechanismus mit dem Namen SWIPE (Software for IP Encryption). Dieses Verfahren transportiert ein verschlüsseltes IP-Paket (inneres Paket), in dem es dieses in ein IP-Paket (äußeres Paket) verpackt. Durch Verschlüsselung eines ganzen IP-Paketes kann sowohl die Authentizität, die Integrität als auch die Vertrautheit gewährleistet werden. SWIPE basiert auf einem frei verfügbaren Software-Modul, das im Quelltext vorliegt, aber nicht als verabschiedeter Standard. Da dieses Modul von den Herstellern unterschiedlich implementiert wurde, sind SWIPE-Systeme verschiedener Hersteller in der Regel nicht zueinander Kompatibel.

Abgelöst wird dieses Verfahren von den Standards, die von der IETF[10] Arbeitsgruppe IP Security (IPSEC) erarbeitet wurden. Diese Standards definieren zwei Mechanismen zur Sicherung des IP-Verkehrs. IP Authentication Header (AH) [2] und IP Encapsulation Security Payload (ESP) [3]. IP Authentication Header ermöglichen starke Authentifizierung von Kommunikationspartnern. IP Encapsulation Payload gewährleistet die Vertrautheit der übermittelten Informationen durch Verschlüsselung. Beide Mechanismen können unabhängig voneinander, sowohl mit IPv4 als auch mit IPv6 eingesetzt werden.

Für alle Verschlüsselungsverfahren ist es notwendig, Mechanismen zu definieren, wie die Schlüssel ausgetauscht werden. SWIPE und viele proprietäre Verfahren basieren auf einem manuellem Schlüsselaustausch. Um Angreifern nicht die Möglichkeit zu geben, genug Material zu sammeln, um Daten entschlüsseln zu können, sollten die Schlüssel regelmäßig gewechselt werden. Diesem Zweck dienen sogenannte Key-Management Verfahren, die einen automatisierten und sicheren Austausch von Schlüsseln über unsichere Netzwerke (Internet) ermöglichen.

---

[9]http://www.rsa.com/rsa/SWAN
[10]Internet Engeneering Task Force

8.2.1. IP Authentication Header

IP Authentication Header ermöglichen starke Authentifikation und sichern die Integrität eines IP-Datagramms, in dem ein verschlüsselter Hash-Wert aus den unveränderlichen Feldern eines IP-Datagramms generiert wird. Der Empfänger kann mit dem gleichen Schlüssel oder dem dazugehörigen öffentlichen Schlüssel die Integrität und Authentizität des Datagramms überprüfen.

8.2.2. IP Encapsulation Security Payload (ESP)

ESP garantiert die Vertrautheit und Integrität der Kommunikation. Ein IP Datagramm transportiert hierzu einen sogenannten ESP Header und die verschlüsselten Daten ("Encrypted Payload"). Im Header ist sowohl das Verschlüsselungsverfahren als auch der Security Parameter Index (SPI) codiert. Der SPI ist eine 32 bit Zahl, mit der der Schlüssel aus einer definierten Menge von Schlüsseln bestimmt werden kann, der zur Verschlüsselung eingesetzt wurde.

ESP ermöglicht zwei Operationsmodi:

1. Tunnel Mode.

    Im Tunnel Mode wird das Original-Datagramm, wie bei SWIPE, in den verschlüsselten Teil des ESP verpackt.

2. Transport Mode.

    Der ESP Header ist Teil eines IP-Datagramms, der verschlüsselte Teil transportiert Daten eines über IP liegenden Protokolls (UDP, TCP). Dieser Modus ist besonders effizient, da IP-Header nicht doppelt transportiert werden müssen.

8.3. Key Management Verfahren

Um einen häufigen Austausch der Schlüssel für das Verschlüsselungsverfahren zu ermöglichen, sind manuelle Verfahren nicht geeignet. Aus diesem Grund arbeitet die IETF an der Standardisierung von Key-Management Verfahren. Die IETF hat zwei Vorschläge erarbeitet, die beide auf dem von Diffie-Hellman entwickelten Verschlüsselungsverfahren basieren:

1. ISAKMP.

   Internet Security Association and Key-Management Protocol [31]. Dieses Protokoll ermöglicht in der ersten Phase den sicheren Austausch von Schlüsseln und Verschlüsselungsverfahren zwischen zwei Kommunikationspartnern. Dazu ist keine externe Zertifizierungsinstanz und kein Verzeichnisdienst notwendig. In der zweiten Phase kann mit den ausgehandelten Verschlüsselungsparametern sicher kommuniziert werden.

2. SKIP.

   Simple Key Management Protocol for Internet Protocols [5]. Dieser Mechanismus basiert auf einem asymmetrischen Verschlüsselungsverfahren (Diffie-Hellman), deren öffentliche Schlüssel über den Verzeichnisdienst einer Zertifizierungsinstanz abgerufen werden. Durch den Abruf der öffentlichen Schlüssel über einen Verzeichnisdienst entfällt die Notwendigkeit, ein Protokoll zum Schlüsselaustausch zu definieren.

Eine Zertifizierungsinstanz ist eine Organisation, die garantiert, daß die von ihr verbreiteten Schlüssel dem eingetragenen Besitzer auch tatsächlich gehören. Die Zertifizierungsinstanz muß dies durch geeignete Maßnahmen sicherstellen.

9. Präsentation eines Unternehmens im Internet

Werbung in Printmedien ist teuer und erreicht nur geringe Verbreitung. Aus diesem Grund sind viele kleine und mittelständische Unternehmen in Printmedien nur wenig oder gar nicht präsent. Das Internet und das World Wide Web ermöglichen dagegen mit relativ geringem finanziellen Aufwand, eine weltweite Präsentation eines Unternehmens und seiner Produkte.

Ein weiterer Vorteil einer WWW-Präsentation sind die erweiterten Möglichkeiten, mit denen Dokumente im WWW recherchiert werden können. Sogenannte Suchmaschinen scannen weltweit (fast) alle WWW-Server und erzeugen einen Index aus den Dokumenten aller Server. Über die WWW-Schnittstelle der Suchmaschine kann dieser Index durchsucht werden. Diese Suchmaschinen ermöglichen das Suchen nach Dokumenten, die bestimmte *Wörter* enthalten. Im Gegensatz zu Bibliotheken, die nur Suche nach Titeln, festen Stichwörtern oder dem Namen des Autors in einem örtlich begrenzten Angebot ermöglichen. Abbildung 17 zeigt die Suchergebnisse nach dem Stichwort "Netzwerktechnik" der Suchmaschine AltaVista[11].

Das WWW System wurde ursprünglich konzipiert, um Dokumentaustausch und Dokumentrecherche zu vereinfachen bzw. zu ermöglichen. Präsentationen in Form von gestalteten Seiten waren im ursprünglichen Konzept nicht vorgesehen. Um die Schwierigkeiten bei der Gestaltung von WWW-Dokumenten und in der Standardisierung zu verstehen, ist deshalb zunächst eine geschichtliche Betrachtung notwendig.

9.1. Geschichte des World Wide Web

Die Grundlagen des World Wide Web (WWW) schuf Tim Berners-Lee, damals Angestellter beim CERN (Europäisches Forschungszentrum für Teilchenphysik in Genf), im Jahr 1989. Berners-Lee erkannte die unzureichenden Möglichkeiten innerhalb des CERN, *Informationen* zwischen den Mitarbeitern auszutauschen, zu recherchieren und zu archivieren. Aufgrund eines unzureichenden Informationsflusses konnten Ergebnisse einer Abteilung nicht von den anderen Abteilungen genutzt werden. Eine der Hauptursachen für diesen Mißstand war, daß Arbeitsergebnisse in verschiedenen Formaten, auf verschiedenen Systemen archiviert wurden. Sollten

---

[11]http://www.altavista.digital.com

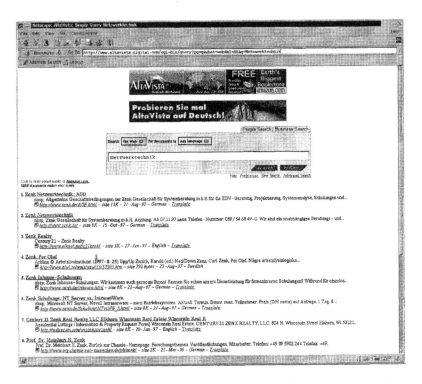

Abbildung 17: Suche nach dem Stichwort "Netzwerktechnik" mit der Suchmaschine
AltaVista

78

Dokumente in Dateiform ausgetauscht werden, so mußten sie konvertiert werden. Entsprechend schwierig war es, Querverweise zwischen verschiedenen Dokumenten zu verfolgen.

Aus diesen Unzulänglichkeiten entstand die Forderung nach einem einheitlichen und einfachen, verteilten Archivierungssystem mit der Möglichkeit, Querverweise zwischen einzelnen Dokumenten zu verfolgen. Zudem sollte jedes Rechnersystem über das Netzwerk Zugriff auf Dokumente anderer Rechner haben [6]. Einige der wichtigsten Forderungen waren:

- Portabilität.
  Das System sollte auf möglichst allen Plattformen portierbar sein. Die Dokumente sollten in einem einheitlichen Format vorliegen.

- Verteilbarkeit der Dokumente.
  Die Dokumente sollten auf mehrere Standorte verteilt sein können.

- Einheitlicher Zugriff auf die Dokumente.
  Der Zugriff auf Dokumente sollte unabhängig vom Speicherort, auf einheitliche Art und Weise möglich sein.

- Navigation zwischen Dokumenten.
  Querverweise auf andere Dokumente sollten einfach verfolgt werden können. Da in der Praxis wissenschaftliche Dokumente nicht in eine hierarchische Struktur einzuordnen sind, mußte es möglich sein, Dokumente als Netzstruktur (Web) anzuordnen.

Alle vorhandenen Standards, Dokumente elektronisch zu speichern, erfüllten jeweils nur einige der aufgeführten Forderungen. Einige dieser Standards sind:

- PostScript

- TEX

- SGML (Scientific General Markup Language)

Um ein System mit den oben genannten Eigenschaften zu entwickeln, wurde am CERN ein Projekt gegründet, das 1990 die erste Version des World Wide Web-Systems vorstellte. Das System war als Client-Server System aufgebaut und verwaltete Dokumente, die in HTML[12] verfaßt waren. HTML war (und ist) eine Document Type Description (DTD) der Standard Generalized Markup Language (SGML). SGML ist eine Programmiersprache, mit der man den Inhalt eines Dokumentes beschreibt, und nicht die Erscheinung. Das bedeutet, daß zum Beispiel eine Überschrift als *Überschrift der Ordnung 1* gekennzeichnet wird und nicht als Text mit der Schrift Arial, Schriftgröße 14pt, Fett, etc. HTML erweitert SGML um Navigationsmöglichkeiten zwischen verschiedenen Dokumenten. 1990 konnte mit HTML lediglich Texte beschrieben werden.

Der Zugriff auf Dokumente erfolgt über sogenannte Uniform Ressource Identifiers (URIs) [7]. Zum Transport der Daten über ein Netzwerk wurde das HyperText Transport Protocol (HTTP) entwickelt (siehe Abschnitt 2.7).

Zusammenfassend kann gesagt werden, daß das WWW auf drei Mechanismen basiert:

1. Einem einheitlichem Zugriffsschema für Dokumente über ein Netzwerk: URIs.

2. Einem Protokoll, das den Zugriff auf diese Dokumente gestattet: HTTP.

3. Einer Textbeschreibungssprache: HTML.

Der entscheidende Durchbruch für das World Wide Web gelang 1993. Im Februar dieses Jahres erschien der Browser *Mosaic* mit graphischer Benutzeroberfläche, der vom National Center for Super Computing (NCSA) entwickelt wurde. Dieser Browser unterstützte, in einer eigenen HTML-Erweiterung, Bilder als Teil eines Dokuments. Die Integration von Bildern in das WWW eröffnete neue Möglichkeiten (Werbung etc.) und löste einen Boom aus, so daß sich das WWW in einer Geschwindigkeit ausbreitete, die in der Mediengeschichte einmalig ist.

Marc Andresen, ein Mitarbeiter des NCSA der maßgeblich an der Entwicklung von *Mosaic* beteiligt war, gründete im März 1994 die Firma Mosaic Communications Corp., die später zu Netscape wurde. Netscape entwickelte den WWW-Browser *Navigator,* der 1995 auf den Markt kam und wiederum HTML-Erweiterungen einführte. Microsoft hatte den Trend bis dahin verschlafen und kam erst 1996 mit dem WWW-Browser *Internet Explorer* auf den Markt, der wiederum die HTML Syntax erweiterte.

---

[12]HyperText Markup Language

Die eigenständige Erweiterung von HTML durch die Browserhersteller führte zu der momentanen Situation, daß HTML als Standard zwar auf dem Papier aber nicht in der Realität existiert. Die Interoperabilität, die einen Großteil des Erfolgs des WWW Systems ausmacht, wurde zugunsten finanzieller Interessen einiger Unternehmen (Microsoft, Netscape) aufgegeben.

9.2. HTML Standards

Der erste HTML-Standard 1.0 wurde von Tim Berners-Lee und seinen Mitarbeitern bei der Entwicklung als DTD verfaßt. Der Standard 2.0 [8] wurde unter Obhut der IETF im November 1995 als RFC [8] veröffentlicht. Er faßte die damals gängigen HTML Erweiterungen als HTML-Spezifikation zusammen.

Das World Wide Web Consortium (W3C) wurde Mitte 1994 gegründet, um die WWW Technologie weiter zu entwickeln. Mit Veröffentlichung von HTML 2.0 rief das W3C das *Editorial Review Board* (ERB) ins Leben, um gemeinsam mit den Browser-Herstellern neue Standards zu erarbeiten. Aus dieser Arbeit ging die HTML 3.2 [23] Spezifikation hervor, die im Januar 1997 verabschiedet wurde. Das ERB wurde im gleichen Zug durch mehrere Arbeitsgruppen ersetzt. Die HTML Working Group des W3C verabschiedete im November 1997 die HTML Spezifikation 4.0 [24].

9.3. HyperText Markup Language (HTML)

Ein HTML-Dokument (Web-Seite) ist eine ASCII-Datei, die den Text des Dokuments enthält, der mit sogenannten HTML-Tags (Markierungen) versehen ist. Tags sind spezielle Kennzeichen im Text, die beschreiben, zu welchem Teil eines Dokuments (Überschrift, normaler Text, etc.) der markierte Text gehört. Ein Textteil wird in HTML durch ein Start und ein Ende Tag markiert. Das Start-Tag hat die Form `<TAG-NAME>`, der zugehörige Ende-Tag hat die Form `</TAG-NAME>`. Viele Tags können Zusatzinformationen in sogenannten Attributen beinhalten, z.B. die URI eines Links. Attribute werden innerhalb der spitzen Klammern eines Start-Tags in der Form `ATTRIBUT-NAME=wert` angegeben. HTML-Tags sind nicht case-sensitiv.

Ein HTML-Dokument besteht aus mindestens 2 Teilen:

1. Kopf des Dokuments.

Im Kopf eines Dokuments stehen allgemeine Definitionen, die das ganze Dokument betreffen, wie z.B. der Titel des Dokuments. Diese Informationen werden in die Tags <HEAD> und </HEAD> eingeschlossen.

2. Rumpf des Dokuments.

Der Rumpf eines Dokuments enthält den darzustellenden Inhalt des Dokuments. Der Rumpf wird in die Tags <BODY> und </BODY> eingeschlossen.

Die beiden Teile eines Dokuments werden wiederum in die Tags <HTML> und </HTML> eingeschlossen. Die aktuelle HTML Version 4.0 [24] definiert mehr als 90 verschiedene HTML-Tags. Da eine umfassende Beschreibung der HTML-Tags nicht Teil dieser Arbeit ist, soll ein einfaches Beispiel genügen, um einen Einblick in HTML zu erhalten. Ein einfaches Beispiel für ein HTML-Dokument zeigt Abbildung 18. Den zugehörigen Quelltext zeigt Abbildung 19.

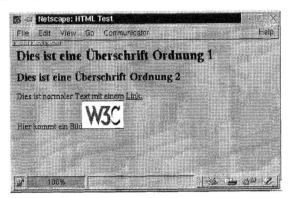

Abbildung 18: Einfaches HTML Dokument

9.4. Common Gateway Interface (CGI)

Das Common Gateway Interface ist eine Schnittstelle zwischen HTTP-Server und externen Applikationen, die es dem Server erlaubt, HTML-Dokumente in Echtzeit zu generieren. CGI ermöglicht das Ausführen von Programmen (sog. CGI-Scripts) durch einen HTTP-Server. CGI-Scripts geben HTML-Dokumente auf dem standard Ausgabegerät (in der Regel der Bildschirm) aus, wenn sie aufgerufen werden. Ein

```
<HTML>
<HEAD>
<TITLE>HTML Test</TITLE>
</HEAD>
<BODY>
<H1> Dies ist eine Überschrift Ordnung 1</H1>
<H2> Dies ist eine Überschrift Ordnung 2</H2>
Dies ist normaler Text mit einem <A HREF="http://www.zenk.de">
Link.</A>
Hier kommt ein Bild <IMG SRC="w3c_home.gif">
</BODY>
</HTML>
```

Abbildung 19: Quelltext zum HTML-Dokument aus Abbildung 18

HTTP-Server, der ein CGI-Script ausführt, leitet die Ausgabe an den WWW-Client weiter, der die Anfrage gestellt hat.

Die CGI Schnittstelle wurde von dem National Center for Super Computing definiert und hat sich als Quasi-Standard durchgesetzt [12]. Sie definiert, wie ein HTTP-Server Aufrufparameter an das CGI-Script übergeben kann und auf welche Weise das CGI-Script das generierte HTML-Dokument an den HTTP-Server zurückgeben muß.

9.5. WWW-Server

Um HTML-Dokumente im Internet zu präsentieren, müssen diese von einen WWW Server (korrekt: HTTP-Server) abrufbar sein. Das bedeutet, daß entweder ein eigener WWW-Server betrieben werden muß oder WWW-Hosting-Dienste eines Internet Providers in Anspruch genommen werden müssen. Im ersten Fall muß eine geeignete WWW-Server-Software ausgewählt werden. Eine Übersicht über verfügbare WWW-Server-Software gibt [29].

Es existieren sowohl kommerzielle Produkte, die zum Teil mit hohen Anschaffungskosten verbunden sind, als auch frei kopierbare, kostenlose Software.

Aufgrund der Vielzahl der Angebote ist es hier nicht möglich, einzelne Produkte zu bewerten. Vielmehr sollen die wesentlichen Eigenschaften einer WWW-Server-

Software kurz erläutert werden.

Die wesentliche Features von WWW-Server-Software sind unter anderem:

- Performance.

  Performance-Tests, die den reinen Durchsatz eines Produktes bewerten sind nur wenig sinnvoll, da sie nicht auf die speziellen Anforderungen des Anwenders eingehen. Soll zum Beispiel eine vielbesuchte Web-Site mit intensiven Datenbankanfragen aufgebaut werden, so ist die Gesamtleistung des Systems aus WWW-Server, CGI-Scripts und Datenbank wichtig. Die Interaktion zwischen diesen Modulen erfordert viel Leistung vom Betriebssystem, die Leistung des WWW-Servers ist nur zweitrangig. Die reine Durchsatzleistung verschiedener WWW-Server unterscheidet sich im allgemeinen nur wenig.

- Stabilität.

  WWW-Server-Software muß über einen langen Zeitraum, ohne Eingriff eines Administrators, laufen.

- Zugriffsteuerung.

  Alle Server erlauben Zugriffsschutz auf Teile ihrer Web-Site durch Abfrage des Benutzernamens und des Paßworts vom WWW-Client. Zugriffsteuerung auf Ebene von Benutzergruppen, IP-Adressen oder Domain Namen wird dagegen nicht von allen Servern unterstützt.

- Multi-Homing/Virtuelle Server.

  Ein Server mit diesen Eigenschaften erscheint im Internet unter verschiedenen Namen mit unterschiedlichen Inhalten. Bei multi-homed Servern entscheidet die WWW-Server-Software dabei anhand der IP-Adresse, welcher Inhalt gezeigt wird. Dagegen unterscheiden Virtuelle Server anhand der angefragten URL welcher Inhalt zurückgegeben wird.

- Konfiguration.

  Die Konfiguration der WWW-Server kann durch eine graphische Oberfläche oder durch Konfigurations-Dateien erfolgen. Unter Umständen kann es wichtig sein, daß der Server durch Neukonfiguration im Betrieb nicht beeinträchtigt wird.

• Logging.

Alle Produkte unterstützen in der Regel die Aufzeichnung der Serveranfragen. Das CERN hat, mit dem ersten WWW-Server, ein Format der erzeugten Log Dateien (Common Log Format) definiert, das mit den meisten Tools ausgewertet werden kann. Einige Produkte beinhalten zudem Fähigkeiten, aus den Log-Dateien Statistiken zu erzeugen. Ein sinnvolles Feature ist das sogenannte Rotating Log: Der Server legt nach Ablauf einer Zeitspanne automatisch eine neue Log-Datei an.

Die Firma Netcraft veröffentlicht unter der Adresse `http://www.netcraft.com/survey/` monatlich Statistiken, welche Marktanteile auf die einzelnen WWW-Server Produkte entfallen. Im Januar 1998 war der Markt für WWW-Server wie folgt aufgeteilt:

Produkt	Marktanteil in %
Apache (UNIX, OS/2)	45,12
Microsoft Internet Information Server (Win NT, Win 95)	20,81
Netscape-Enterprise (Win NT, Win 95, UNIX)	5,30
NCSA (UNIX)	3,77

Tabelle 1: Aufteilung des Marktes an WWW-Server Software (Januar 1998, weltweit)

9.6. Gestaltung von HTML-Dokumenten

HTML wurde konzipiert, um wissenschaftliche Dokumente zu publizieren. Es war ausreichend, daß Browser aus der Beschreibung des Textes, das Dokument einheitlich darstellen konnten. Auf das Layout eines Dokumentes konnte der Autor keinen Einfuß nehmen. HTML-Dokumente die der Werbung oder der Präsentation eines Unternehmens dienen, müssen jedoch graphisch Gestaltet sein, um ansprechend zu wirken.

9.6.1. Methoden der graphischen Gestaltung

HTML-Dokumente lassen sich auf drei unterschiedliche Arten graphisch gestalten:

1. Massiver Einsatz von Grafiken und Imagemaps.

   Imagemaps sind Grafiken, die in einzelne Segmente unterteilt werden. Jedes Segment kann mit einer URL verbunden werden, so daß mit einem Mouse-Click auf das entsprechende Dokument verzweigt wird.

   Diese Methode hat den Vorteil, daß HTML-Dokumente beliebig frei graphisch gestalten werden können.Textbasierte Browser können jedoch derart gestaltete Dokumente nicht darstellen. Entweder muß eine zweite Version jedes Dokuments für textbasierte Browser erstellt und gepflegt werden oder Benutzer textbasierter Browser werden einfach nicht berücksichtigt. Da Grafiken viel Speicherplatz benötigen, entstehen große Dokumente, die lange Ladezeiten verursachen.

2. Tabellen zur Formatierung der Dokumente.

   Durch den dezenten Einsatz von Bildern und die Formatierung der Dokumente durch Tabellen, kann eine Gestaltung erreicht werden, die zwar graphisch beschränkt ist, aber ausreichende Möglichkeiten bietet, um eine ansprechende Gestaltung zu erreichen. Durch Verwendung kleiner Graphiken kann die Größe des Dokuments klein gehalten werden, so daß die Ladezeit annehmbar ist. Ist jeder Grafik ein Text zugeordnet (mit dem ALTERNATIVE -Attribut), ist es auch textbasierten Browsern möglich, das Dokument ohne Informationsverlust darzustellen.

3. Einsatz von Cascading Style Sheets (CSS).

   Cascading Style Sheets [14] sind vom W3C entwickelt worden, um eine standardisierte Gestaltung von HTML-Dokumenten zu ermöglichen und proprietären HTML-Erweiterungen entgegenzuwirken. CSS folgen dem Konzept, Inhalt und Darstellung eines HTML-Dokumentes strikt zu trennen. Dies wird erreicht, in dem die Eigenschaften, z.B. Schriftgröße, Schriftart, Farbe oder Position von HTML-Elementen in Style Sheets definiert werden. Style Sheets können als eigenständige Datei an ein HTML-Dokument gebunden werden. In der Style Sheet Spezifikation [14] sind Regeln definiert, wie mehrere Style Sheets eines Dokumentes miteinander kombiniert werden. Auf diese Weise kann das Style Sheet eines Dokuments mit dem Style Sheet eines Betrachters verbunden werden. Dies ermöglicht dem Betrachter Voreinstellungen zu treffen, so daß die Darstellung eines Dokuments an seine Wünsche angepaßt werden kann.

Cascading Style Sheets stellen die fortschrittlichste Methode dar, HTML-Dokumente zu gestalten, es sind jedoch nur die aktuellsten Versionen der WWW-Browser in der Lage, diese Dokumente korrekt darzustellen. Diese Methode wird sich wahrscheinlich in Zukunft durchsetzen. Solange jedoch ein Großteil der installierten Browser CSS nicht oder nicht korrekt unterstützt, ist es zu empfehlen, Tabellen als Gestaltungsmittel einzusetzen.

9.6.2. Richtlinien zur Gestaltung einer Website

HTML-Dokumente müssen auf den Leser abgestimmt sein, d.h. sie sollten so gestaltet sein, daß sie die Bedürfnisse der Leser befriedigen. Das Grundbedürfnis eines Lesers ist es, eine Web-Site schnell und sicher bedienen zu können. Schnelle Bedienung bedeutet, daß dem Leser die Dokumente schnell präsentiert werden und daß er innerhalb der Website einfach navigieren kann. Bereits Ladezeiten oberhalb 10 Sekunden verringern die Aufmerksamkeit des Lesers [34] und die Bereitschaft weitere Dokumente der gleichen Web-Site zu laden. Sichere Bedienung heißt, die Dokumente beinhalten keine Fehler, z.B. fehlende Bilder oder nicht funktionierende Links.

Eine gute Einführung in die Gestaltung von Websites, unter Berücksichtigung der Benutzbarkeit, gibt [47].

Zusammenfassend einige grundlegenden Richtlinien zur Gestaltung von Web-Sites [34]:

- Alle Dokumente einer Web-Site sollten einheitlich gestaltet sein.

- Der Leser sollte die Struktur der Website begreifen können.
  Dies ist besonders durch gegliederte Navigationselemente möglich.

- Jedes Einzel-Dokument sollte eine Navigationsleiste enthalten.
  Navigationsleisten sollten sich farbig vom Textteil absetzen und dürfen nicht mehr als sieben Hauptpunkte besitzen, um übersichtlich zu bleiben.

- Einzelne Dokumente sollten nicht zu lang sein.
  Besonders die Startseite sollte in einem Stück darstellbar sein. Alle Navigationselemente sollten ohne Scrollen sichtbar sein.

- Animationen und Ton.

  Ununterbrochen laufende Animationen oder Töne ziehen die Aufmerksamkeit des Lesers auf sich und lassen so das Wesentliche einer Seite in den Hintergrund treten. Animationen oder Töne sollten deshalb nur wenig eingesetzt werden.

9.6.3. Hilfsmittel

HTML-Dokumente können mit jedem Text-Editor erstellt werden. Erleichtert wird die Erstellung von HTML-Dokumenten jedoch durch HTML-Editoren mit WYSIWYG-Modus. Zudem vereinfachen sie die Verwaltung von großen Web-Sites durch grafische Darstellung der Beziehung zwischen den einzelnen HTML-Dokumenten. Eine Übersicht über HTML-Editoren mit Site-Management Fähigkeiten gibt [18].

10. Präsentation der Firma Zenk im WWW

Ein Teil dieser Arbeit war es, eine Web-Site für die Firma Zenk, Gesellschaft für Systemberatung mbH, aufzubauen. Grundlage des Entwurfs war ein Prospekt der Firma, sowie ein Schulungskatalog. Schulungen sollten online gebucht werden können und der Leser sollte die Möglichkeit haben, über ein Formular per Email Kontakt mit der Firma aufnehmen zu können. Das Ergebnis dieser Arbeit ist unter der URL http://www.zenk.de zu betrachten.

10.1. Konzept

Dem Aufbau der Web-Site liegen die Überlegungen aus Abschnitt 9.6 zugrunde. Zu Beginn wurde die Struktur der Web-Site definiert. Dabei wurde auf eine einfache, nicht zu tiefe Verschachtelung geachtet. Die entwickelte Struktur sollte durch eine übersichtliche Navigationsleiste erkennbar sein, so daß ein Leser nicht auf eine Übersicht der Web-Site (sog. Site-Map) angewiesen ist. Auf Frames wurde verzichtet, da es dem Autor wichtig war, das Modell einer (gedruckten) Seite auch bei einem HTML-Dokument zu erhalten. Da die einzelnen Seiten nur kurz sind, können Navigationselemente nicht vollständig aus dem Sichtbereich gescrollt werden. Zusätzlich wurde eine Navigationsleiste am Ende jedes Dokuments eingefügt.

Die Struktur der Web-Site www.zenk.de zeigt Abbildung 20.

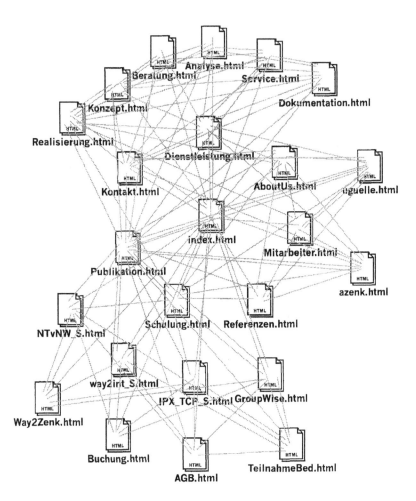

Abbildung 20: Struktur der Website www.zenk.de

Zuerst wurde ein einheitlicher Rahmen für alle Dokumente geschaffen. Diesen zeigt Abbildung 21.

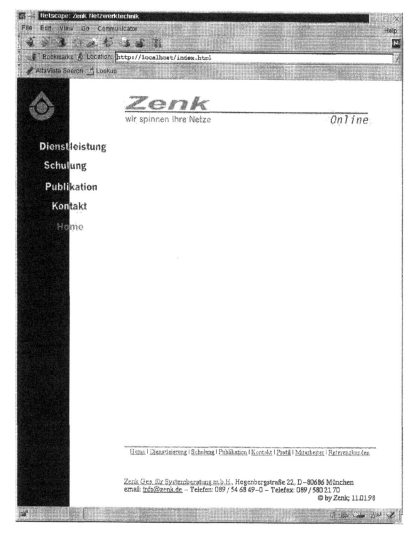

Abbildung 21: Einheitlicher Dokumentrahmen der Web-Site www.zenk.de

In der Navigationsleiste wird der momentan aktive Menüpunkt durch eine andere Farbe gekennzeichnet. Die Einordnung eines Dokuments in die Hierarchie der Web-Site wird durch eingerückte Unter-Menüpunkte angedeutet. Ein Beispiel zeigt Abbildung 22.

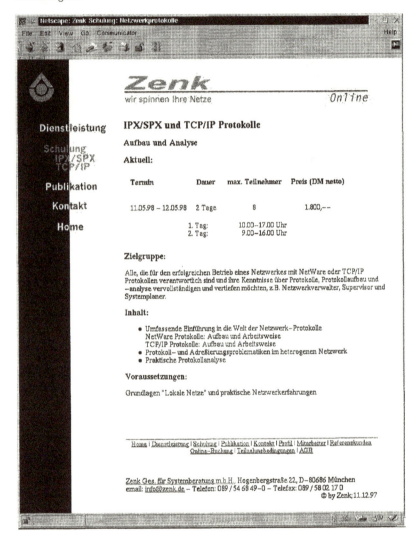

Abbildung 22: Darstellung der Hierarchie in der Navigationsleiste

Die Web-Site sollte unabhängig von der WWW-Browser- und WWW-Server-Software benutzbar sein. Um dies zu erreichen wurden folgende Regeln eingehalten:

- Das Layout der Dokumente wurde durch massiven Einsatz von Tabellen realisiert.

- Proprietäre Eigenheiten von WWW-Browsern und WWW-Servern wurden nicht genutzt.

- Die CGI-Scripts sind in C++ geschrieben.

Auf bewegte Elemente wurde in der gesamten Web-Site verzichtet. Die Texte der einzelnen Dokumente wurden mit Standard-HTML-Tags ohne zusätzliche Formatanweisungen formatiert. Es wurde darauf geachtet, daß gleiche Textelemente in allen Dokumenten der Web-Site einheitlich formatiert sind.

10.2. CGI-Scripts

Für die Web-Site der Firma Zenk waren CGI-Scripts für zwei Aufgaben notwendig:

1. Der Benutzer sollte die Möglichkeit haben, Kontakt mit der Firma aufzunehmen.

2. Es sollte die Möglichkeit bestehen, die angebotenen Schulungen der Firma Zenk online zu buchen.

Beide CGI-Scripts sollten als Reaktion auf die Eingaben in ein HTML-Formular ablaufen und die Daten als Email an einen Sachbearbeiter der Firma Zenk weiterleiten. Die Empfänger der Email sollten in einer Konfigurationsdatei, getrennt voneinander, eingestellt werden können.

10.2.1. CGI-Script der Kontakt-Seite

Dieses Script wird aufgerufen, wenn der "los geht's" Button des Formulars in Abbildung 23 gedrückt wird. Es wandelt die Übergebenen Formulardaten in lesbaren Text um und generiert eine Email an den konfigurierten Empfänger. Der Benutzer erhält als Rückmeldung das Dokument aus Abbildung 24 in seinem Browser angezeigt.

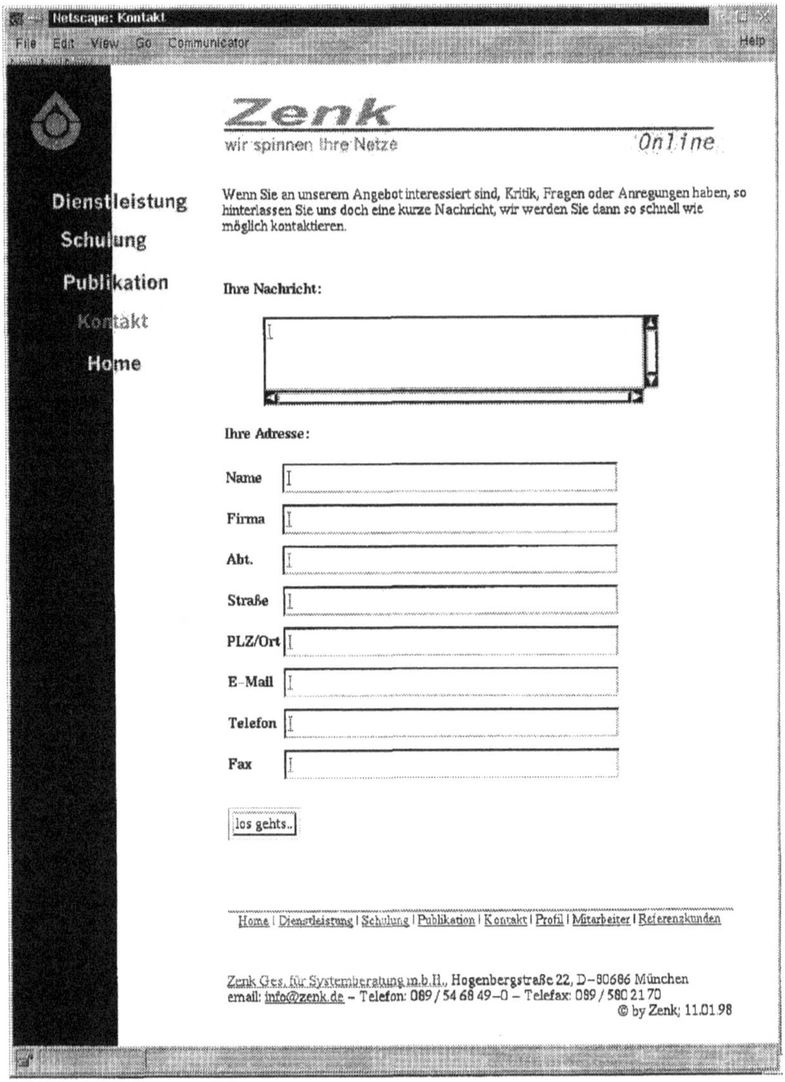

Abbildung 23: HTML-Formular "Kontakt"

Abbildung 24: Rückmeldung des Kontakt-CGI-Scripts

10.2.2. CGI-Script der Online-Buchungs-Seite

Um einem Benutzer die Möglichkeit zu geben, Schulungen aus dem Angebot der Firma Zenk online zu Bestellen, wurde folgender Mechanismus implementiert:

1. Der Benutzer wählt aus einem Formular die Schulung aus, die er buchen möchte. In dem Formular gibt er zusätzlich seine persönlichen Daten (Firma, Ansprechpartner, Adresse, etc.) an. Das Formular zeigt Abbildung 25.

2. Ein CGI-Script (`shorder.exe`) prüft die Angaben des Benutzers auf Vollständigkeit und gibt dem Benutzer ein Formular ("Ausgabe der Online-Buchung") zurück, das seine Angaben zur Überprüfung enthält (der Quelltext des Scripts befindet sich im Anhang C.1). Siehe Abbildung 26. Der Benutzer wird dabei auf die Allgemeinen Geschäftsbedingungen und die Teilnahmebedingungen für Schulungen hingewiesen.

3. Bestätigt der Benutzer das Formular "Ausgabe der Online-Buchung", so erzeugt ein zweites CGI-Script (`doorder.exe`) aus den Daten eine Email an den konfigurierten Sachbearbeiter der Firma Zenk (der Quelltext des Scripts befindet sich im Anhang C.2). Als Rückmeldung erhält der Benutzer ein Dokument angezeigt (siehe Abbildung 27), das ihm bestätigt, welche Schulung er gebucht hat.

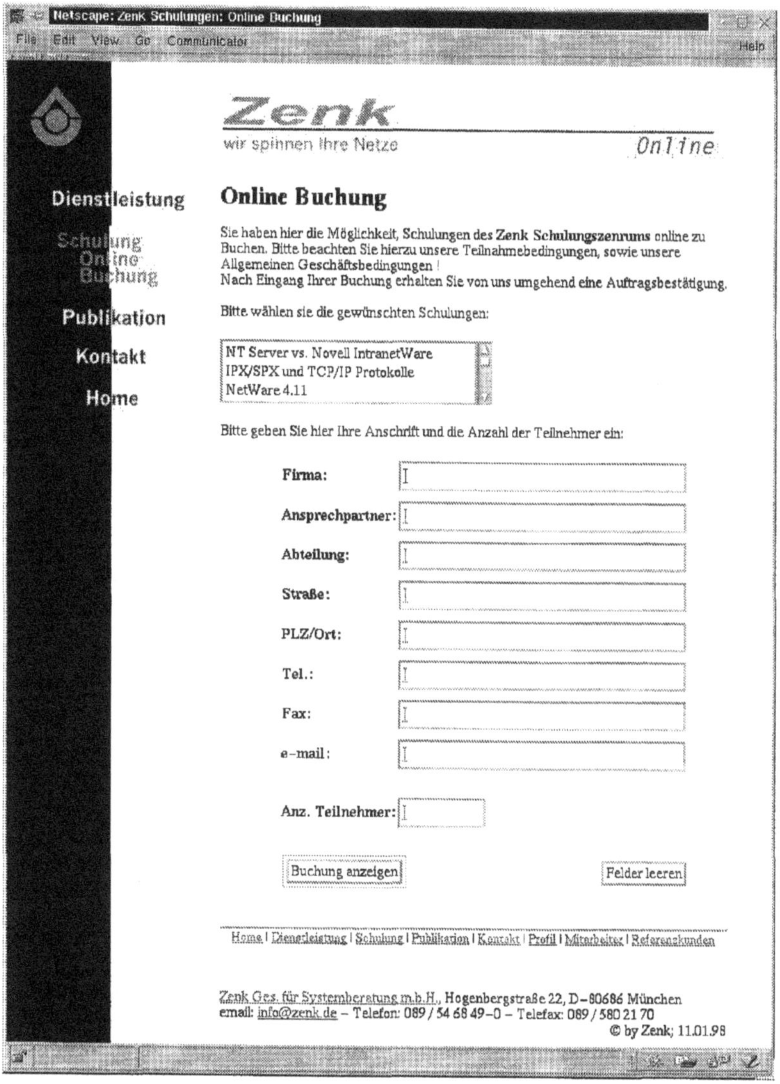

Abbildung 25: Formular Online-Bestellung

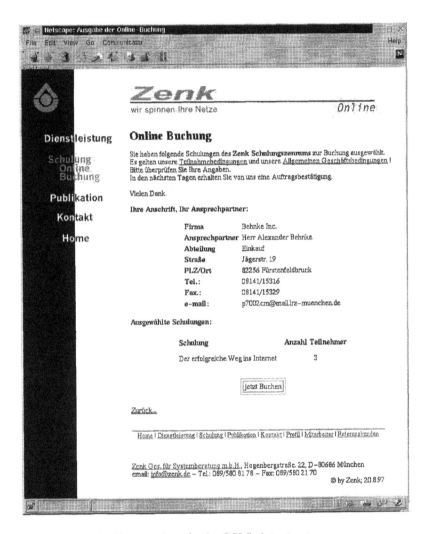

Abbildung 26: Ausgabe des CGI-Scripts shorder.exe

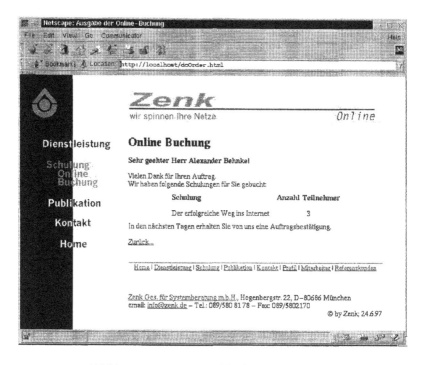

Abbildung 27: Ausgabe des CGI-Scripts `doorder.exe`

11. Abschätzung der Kosten

Abschließend sollen die Kosten, die mit der Anbindung eines Unternehmens an das Internet entstehen, abgeschätzt werden. Dazu werden die Kosten einer Modellfirma untersucht.

11.1. Modellfirma

Das Unternehmen, dessen Kosten abgeschätzt werden sollen, hat folgende Eigenschaften:

- 100 Computer-Arbeitsplätze mit dem Betriebssystem Windows NT Workstation.

- Internes Mail-System: GroupWise.

- Ein Firewall soll das Firmennetz absichern.

- Da bislang kein Sicherheitskonzept vorhanden ist, soll dieses neu erstellt werden.

- Die Anzahl der IP-Adressen soll durch Network Address Translation auf ein Minimum (14) reduziert werden.

- Es soll eine eigene .de-Domain betrieben werden.

- Alle Mitarbeiter sollen Email, FTP und WWW Dienste des Internets nutzen können.

- Im Haus soll ein eigener WWW und FTP Server betrieben werden, der Dienste für das Internet und die Mitarbeiter anbietet.

- Die notwendige Bandbreite in das Internet wird mit 64 kBit/s abgeschätzt. Das maximale Transfervolumen auf 1 GB/Monat.

11.2. Hard- und Softwareaufwand

Die Kosten umfassen die Investitionen in Hard- und Software, die einmalig für den Internetanschluß getätigt werden müssen.

11.2.1. Firewall

Kosten eines Firewall-System auf PC-Basis. Für ein Workstation-basiertes System sind die Hardwarekosten mit 20.000,– bis 40.000,– DM anzusetzen.

	Kosten DM
Hardware	10.000,–
Software	3.000,– bis 30.000,–

11.2.2. Virenschutz

Virenschutz in Form eines Virenscanners, der als eigenständige Einheit FTP, HTTP, und Email-Attachements Online nach Viren scannt. Realisierung als selbstständiger Proxy-Server oder Anbindung an den Firewall mittels CVP (siehe Abschnitt 7.3).

	Kosten DM
Hardware	10.000,–
Software	2.000,– bis 10.000,–

11.2.3. WWW- und FTP-Server

WWW- und FTP-Server können weitgehend mit Public-Domain Software aufgebaut werden, es kann aber auch kommerzielle Software eingesetzt werden. Aus diesem Grund sind die Softwarekosten in diesem Punkt mit einer Spanne von 0 bis 10.000,– DM angegeben. Beide Dienste können auf einem Rechner zusammengefaßt werden.

	Kosten DM
Hardware	10.000,–
Software	0,–bis 10.000,–

11.2.4. Mail-Gateway

Der Übergang auf das Unternehmensinterne Mail-System GroupWise erfolgt über ein Mail-Gateway. Die Belastung des Rechners ist gering, weshalb billige oder vorhandene ältere Hardware eingesetzt werden kann.

	Kosten DM
Hardware	0.– bis 2.000,–
Software	5.000,–

11.2.5. ISDN-Terminal-Adapter/Router

Viele Service Provider stellen die Router zur Verfügung, weshalb die Kostespanne mit 0,– DM beginnt.

	Kosten DM
Hardware	0,– bis 10.000,–

11.3. Einmalige Kosten

11.3.1. Einmalige Gebühren für den Zugang zum Internet

In der Kostenabschätzung wird davon Ausgegangen, daß für die Strecke von Unternehmen bis zum Internet Service Provider das Telekommunikationsnetz der Deutschen Telekom AG benutzt wird. Die einmaligen Anschlußgebühren einer ISDN-Wählverbindung der DTAG betragen ca. 100,– DM, die einer ISDN Standleitung (1x 64kBit/s + D-Kanal) 2.000,– DM. Die Telekom als Internet Service Provider "T-InterConnect" verlangt als einmaligen Bereitstellungsgebühr für einen 64 kBit/s Zugang (incl. Standleitung) 7.500,– DM. Die Registrierung einer Domain beschränkt sich auf den NS-Eintrag in den Name Server der Top Level Domain .de des DE-NIC[13]. Da viele Provider die Gebühren für die Registrierung der Domain ganz oder teilweise übernehmen, beginnt die Spanne bei 0,– DM.

	Kosten DM
Anschlußgebühr öffentliches Festnetz	100,– bis 2.000,–
Anschlußgebühr ISP	0,– bis 5.500,–
Neubeantragung einer .de Domain (DE-NIC)	0,– bis 460,–

11.3.2. Erstellung der Web-Site

Die Erstellung der Web-Site kann entweder von eigenen Mitarbeitern oder von einer Werbeagentur übernommen werden.

---

[13]http://www.nic.de

	Kosten DM
Gestaltung der Web-Site, einmalig	2.000,- bis 10.000,-

11.3.3. Erstellung des Sicherheitskonzepts

Diese Preise variieren sehr stark, je nach dem, ob das Sicherheitskonzept von Mitarbeitern oder mit Hilfe eines externen Unternehmens erstellt wird. Im Fall der Modellfirma soll das Sicherheitskonzept unter Zuhilfenahme einer externen Beraterfirma erstellt werden.

	Kosten DM
Erstellung eines Sicherheitskonzepts mit Hilfe externer Berater	5.000,- bis 20.000,-

11.3.4. Personalaufwand Installation

Die Installation der einzelnen Komponenten soll durch die Administratoren des Unternehmens erfolgen.

	Kosten DM
Installation der Komponenten durch eigene Administratoren	10.000,- bis 20.000,-

11.4. Betriebsaufwand

Ein nicht zu vernachlässigender Kostenfaktor sind die laufenden Betriebskosten, die durch den Internetzugang eines Unternehmens entstehen.

11.4.1. Zugang zum Internet

Die Kosten für das öffentliche Festnetz beziehen sich auf das Angebot der Telekom. Der Bereich deckt die Kostenvon einer Standard-Festverbindung in der Ortszone bis zu einer Standard-Festverbindung in der Fernzone 1 mit 15km zusätzlicher Entfernung ab. Die Preise für eine Wählverbindung bei 7 Stunden Online-Zeit pro Arbeitstag liegen ungefähr bei 500,- DM/Monat (siehe Abschnitt 4.2 und Abbildung 8).

	Kosten DM/Jahr
Jährliche Kosten für das öffentliches Festnetz	3.000,– bis 8.500,–
ISP Jahresgebühr	13.000,– bis 31.000,–
Jahresgebühr .de Domain (DE-NIC); nur NS Eintrag	0,– bis 230,–

11.4.2. Personalkosten

Reine Personalkosten ohne Schulungen, etc.

	Kosten DM/Jahr
Kosten Pflege Website	12.000,– bis 60.000,–
Administration Firewall/Viruswall, FTP-Server, Mail-Gateway	6.000,– bis 24.000,–

11.4.3. Wartungskosten

Als Wartungskosten sind etwa 10% bis 15% der Investitionskosten jährlich zu veranschlagen.

12. Zusammenfassung

Um ein Unternehmen an das Internet anzubinden, ist eine Vielzahl von Entscheidungen notwendig, die Fachkenntnis und Erfahrung voraussetzen. Die Vielfalt der notwendigen Entscheidungen reicht von der Auswahl eines Internet Service Providers, über die Auswahl von Software-Produkten, z.B. ein Firewall-System oder einen HTTP-Server, bis hin zur Bestimmung des Erscheinungsbildes eines Unternehmens im World Wide Web.

Mit dem Anschluß eines Unternehmens-Netzwerkes an das Internet, ändern sich die Sicherheitsanforderungen an das Unternehmens-Netzwerk sehr stark. Besteht in einem Unternehmen noch kein Sicherheitskonzept, so sollte es spätestens mit dem Internetzugang neu erarbeitet werden. Aus diesem Sicherheitskonzept ergeben sich die Maßnahmen, die getroffen werden müssen, um die Sicherheit des Unternehmens-Netzwerkes zu garantieren. Alle Maßnahmen zu Absicherung eines Unternehmens-Netzwerkes können nur in Verbindung mit einem Sicherheitskonzept ihre volle Wirksamkeit entfalten. Als minimale Absicherungsmaßnahme für ein Unternehmens-Netzwerk sollte ein Firewall-System eingesetzt werden und die Benutzer bezüglich der Sicherheitsrisiken des Internetzugangs geschult werden.

Die Flexibilität und die Erweiterbarkeit beim Aufbau von Virtual Private Networks wird von der Software beeinflußt, mit der das VPN aufgebaut wird. Durch die Auswahl von Produkten, die standardisierte Verschlüsselungs- und Key Management-Verfahren, wie IPSEC und SKIP, einsetzen, kann das VPN in Zukunft auch durch Systeme anderer Hersteller erweitert werden.

Ist in einem Unternehmen nicht das notwendige Know-How vorhanden, den Internet-Zugangs in allen Punkten selbst zu realisieren, so sollte auf die Dienstleistung einer externen Unternehmensberatung zurückgegriffen werden.

A. Bookmarks zu Sicherheitsinformationen im Internet

http://www.alw.nih.gov/Security/first_papers.html

Standard-Artikel zur Rechnersicherheit. In Englisch.

http://www.dfn.de/projekte/

Verschiedene Artikel zur Sicherheit in Rechnernetzen. Meist in deutscher Sprache.

http://www.iss.net/xforce/

Aktuelle Informationen zu Sicherheitslöchern in verschiedenen Anwendungen und Betriebssystem. Das Archiv wird ständig aktualisiert und kann auf verschiedene Arten durchsucht werden.

http://www.cert.org

http://www.cert.dfn.de

WWW Seiten des internationalen bzw. deutschen Computer Emergency Response Teams. Auf diesen Seiten werden die Warnungen der CERTs vor Sicherheitslücken ebenso wie die möglichen Gegenmaßnahmen veröffentlicht.

http://www.ntsecurity.net

Diese englische Web-Site veröffentlicht Sicherheitshinweise und Warnungen für Windows NT Systeme.

http://www.security.org.il

Aktuelle Sicherheitshinweise und weiterführende Links auf andere Sicherheitsinformationen im WWW. In englischer Sprache.

http://www.ncsa.com

Web-Site der International Computer Security Association. Hintergrundinformationen zur Sicherheit in Rechnersystemen und Studien zu dieser Thematik. In englischer Sprache.

http://www.rootshell.com

Web-Site die Hackerinformationen zu Schwachstellen in Anwendungen und Betriebssystemen verbreitet. Die Beschreibung der Schwachstellen wird oft durch C-Quellcode oder ausführbare Programme ergänzt. In englischer Sprache.

http://www.hacked.net/tools/

Links zu vielen Standard-Dokumenten zur Rechnersicherheit und Hacker-Tools im WWW.

http://www.geek-girl.com/bugtraq/

Archiv der Bugtraq Mailing List. In der Bugtraq Mailing List werden die aktuellsten Informationen zu Unsicherheiten verschiedener Anwendungen und Betriebssysteme ausgetauscht. Oft sind die Sicherheitslücken durch C-Quellcode dokumentiert.

http://www.underground.org

Dies ist eine klassische Hacker Web-Site. Hier werden aktuelle Tools und Dokumente bezüglich Rechnersicherheit veröffentlicht.

http://www.fc.net/phrack/

Web-Site des Phrack Magazins. Das Phrack Magazin existiert seit 1985 als elektronische Zeitschrift und beschreibt detailliert, wie in verschiedene Rechnersysteme eingebrochen werden kann.

http://wzv.win.tue.nl/satan/

Hompage des Security Checkers SATAN von Wietse Vienna und Dan Farmer. SATAN ist Freeware und dient der Überprüfung von Rechnersystemen auf eine sichere Konfiguration. Die Dokumentation beinhaltet viele Informationen zu Sicherheitsrisiken, vor allem von UNIX-Systemen.

http://www.w2.org/Security/Faq/www-security-faq.html

Diese Web-Seiten des World Wide Web Consortiums informieren zu Sicherheitsrisiken, die durch das WWW entstehen. Ein Schwerpunkt ist die Sicherheit von CGI-Scripts.

http://www.antivirus.com/corporate/white/index.html

Diese WWW-Seiten der Firma Trend Micro Inc. bieten den Zugriff auf verschiedene Dokumente, die sich mit der Virenproblematik beschäftigen. Unter anderem enthalten diese Seiten Verweise auf Studien, die sich mit der Ausbreitung von Computerviren beschäftigen.

B. Anbieter von Sicherheitssystemen

B.1. Anbieter von Firewalls

Altavista Software Inc.

Firmensitz: Littleton, Massachusetts,USA

Internet: http://www.altavista.software.digital.com

Produkt: Altavista Firewall 97

Check Point Software Technologies Inc.

Firmensitz: Redwood City, California,USA

Internet: http://www.checkpoint.com

Produkt: FireWall-1

Cyberguard Corp.

Firmensitz: Fort Lauderdale, Florida, USA

Internet: http://www.Cyberguardcorp.com

Produkt: Cyberguard Firewall

Milkyway Networks Corp.

Firmensitz: Santa Clara, California, USA

Internet: http://www.milkyway.com

Produkt: Black Hole

Raptor Systems Inc.

Firmensitz: Waltham, Massechusetts, USA

Internet: http://www.raptor.com

Produkt: Eagle Firewall

Trusted Information Systems Inc.

Firmensitz: Rockville, Maryland, USA

Internet: http://www.tis.com

Produkt: Gauntlet Internet Firewall

B.2. Anbieter von Security Checkern

Internet Security Systems Inc.

Firmensitz: Atlanta, Georgia, USA

Internet: http://www.iss.net

Produkt: Internet Security Scanner

Intrusion Detection Inc.

Firmensitz: New York City, New York, USA

Internet: http://www.intrusion.com

Produkt: Kane Security Analyst (KSA)

Secure Networks Inc.

Firmensitz: Calgary, Alberta, Canada

Internet: http://www.secunet.com

Produkt: Ballista security auditing system

C. Quelltexte der CGI-Scripts

C.1. Quelltext des CGI-Scripts shorder.exe

```
/****************************************************************************
CGI-Script zum Anzeigen und Überprüfen einer Online-Bestellung.
Die Parameter müssen in der POST-Methode in der
Form URLencoded übergeben werden.

Datei:    shorder.cpp
Autor:    Alexander Behnke
Datum:    1.11.1997
Version:  1.0


****************************************************************************/

#include <stdio.h>
#include <stdlib.h>
#include <string.h>
#include <cstring.h>
#include <regexp.h>

#include <fstream.h>


//#define DEBUG          1


#define LF  (char) 10     // LineFeed

#define MAX_NUMSCHULUNG    10      // maximale Anzahl der gleichzeitig
// bestellbaren Schulunen

// Fehler
#define ERR_ADDR        0x01
#define ERR_NUMSCHULUNG    0x02
#define ERR_ANZTEILNEHMER 0x04



#define HEAD_DOC  "sho_head.html"
#define TAIL_DOC  "sho_tail.html"



typedef struct {
int NumSchulung;    // Anzahl der bereits enthaltenen Schulungen
string SchulungName[MAX_NUMSCHULUNG];
        string Firma;
```

```
        string Ansprechpartner;
        string Abt;
        string Strasse;
        string Ort;
        string Tel;
        string Fax;
        string email;
        string Anz;
} order_t;


// ProtoTypes
int processToken(const string &name, const string &val, order_t &order);




// Schreiben der Datei mit dem Namen fileName auf
// die Standard-Ausgabe
int writeFile2stdout(const char *fileName)
{
    ifstream inF(fileName);
    char str[100];

    while(!inF.eof() && !inF.bad()){
     inF.getline(str, sizeof(str), 0);
     cout << str;
    }

    return 0;
}




// einlesen der Standard-Eingabe in den String aStr
string* readStdin(string &aStr)
{
    char *lpszTmp;
    string str;
    int len;


    lpszTmp = getenv("CONTENT_LENGTH");
    if(lpszTmp){
     len = atoi(lpszTmp);
        if(len){
         lpszTmp = new char[len];
                cin.get(lpszTmp, len, 0);
                aStr = lpszTmp;
                delete lpszTmp;
```

```
        }
    }
    return &aStr;
}


// extrahiert das erste Paar name=val aus dem Eingabestring in
// Der Wert vor dem Gleichheitszeichen wird in dem
// string name, der Wert nach dem Gleichheitszeichen wird in
// dem string val zurück gegeben.
int extract(const string in, string &name, string &val)
{
    int itmp;

    itmp = in.find(string("="), 0);
    if(itmp == NPOS)
     return NPOS;

    name = in.substr(0, itmp);
    val = in.substr(itmp+1, in.length());

    return itmp;
}

// Filtert HTML-Escape-Codes aus dem String str und
// wandelt diese in ASCII-Zeichen um
int filter(string &str)
{
    int i = 0;
    int j;
    char ch1, ch2;

    // + -> SPACE
    j = str.find(string("+"), i);
    while(j != NPOS){
     str.replace(j, 1, " ");
        j = str.find(string("+"), i);
    }

    // Escapes umwandeln
    j = str.find(string("%"), i);
    while(j != NPOS){
     ch1 = str[j+1];
        ch2 = ch1 >= 'A'? ((ch1 & 0xdf) - 'A') + 10 : ch1 - '0';
        ch2 *= 16;
     ch1 = str[j+2];
        ch2 += ch1 >= 'A'? ((ch1 & 0xdf) -'A') + 10 : ch1 - '0';

     str.replace(j, 3, ch2);
```

```
        j = str.find(string("%"), i);
    }

    return 0;
}


// readToken extrahier die einzelnen Paare Feldname=Wert aus
// dem Eingabestring in und füllt mit den erhaltenen Werten
// die Struktur order.
int readToken(string &in, order_t &order)
{
    int searchPos = 0;
    int itmp;
    string strtmp;
    string name, val;

    while(searchPos < in.length()){
      itmp = in.find(string("&"), searchPos);
            if (itmp == NPOS){
             itmp = in.length();
            }
            strtmp = in.substr(searchPos, itmp - searchPos);
            searchPos = itmp + 1;

            extract(strtmp, name, val);
// sollte nicht nötig sein !!!
//         filter(name);
            filter(val);

            processToken(name, val, order);

    }

    return 0;
}



// processToken ordnet das Paar aus den Eingabeparametern name und
// val dem richtigen Feld in der Struktur order zu
int processToken(const string &name, const string &val, order_t &order)
{
    int i;

    if(name.contains("SchulungName")){
            order.SchulungName[order.NumSchulung++] = val;
            return 0;
    }
```

```
if(name.contains("Firma")){
        order.Firma = val;
        return 0;
}

if(name.contains("Ansprechpartner")){
        order.Ansprechpartner = val;
        return 0;
}

if(name.contains("Abteilung")){
        order.Abt = val;
        return 0;
}

if(name.contains("Strasse")){
        order.Strasse = val;
        return 0;
}

if(name.contains("Ort")){
        order.Ort = val;
        return 0;
}

if(name.contains("Tel")){
        order.Tel = val;
        return 0;
}

if(name.contains("Fax")){
        order.Fax = val;
        return 0;
}

if(name.contains("email")){
        order.email = val;
        return 0;
}


if(name.contains("NumTeilnehmer")){
        order.Anz = val;
        // spaces löschen
        while((i = order.Anz.find(string(" "))) != NPOS){
         order.Anz.replace(i, 1, "");
        }
        return 0;
}
```

```
    return 0;

}


// Überprüfung der Struktur order auf korrekte
// und vollständige Angaben
// Rückgabewerte:
//   0 :                   Angaben in Ordnung
//   ERR_ADDR:             Unvollständige Adresse
//   ERR_ANZTEILNEHMER:    Anzahl der Teilnehmer falsch
//                         oder nicht angegeben
//   ERR_NUMSCHULUNG:      Keine Schulung ausgewählt
int checkOrder(const order_t &order)
{
    int ret = 0;

    if(order.Firma == "" || order.Ansprechpartner == "" ||
       order.Strasse == "" || order.Ort == ""){
        cout << "<font color=\"#FF0000\"><H4>Achtung:" << LF;
        cout << "Adresse nicht vollständig!</h4></font>" << LF;
        ret += ERR_ADDR;
    }
    if(order.NumSchulung == 0){
        cout << "<font color=\"#FF0000\"><H4>Achtung:" << LF;
        cout << "Keine Schulung ausgewählt!</h4></font>" << LF;
        ret += ERR_NUMSCHULUNG;
    }

    if(order.Anz.find(TRegexp("[0-9]")) == NPOS ||
       order.Anz.find(TRegexp("[^0-9]")) != NPOS){
        cout << "<font color=\"#FF0000\"><H4>Achtung:" << LF;
        cout << "Anzahl der Teilnehmer falsch!</h4></font>" << LF;
        ret += ERR_ANZTEILNEHMER;
    }

    return ret;
}


// Ausgabe der Adresse des Bestellers
// im HTML-Format auf der Standardausgabe
int crOutputAdr(const order_t &order)
{
    //    Adresse einfügen
    cout << "<h4>Ihre Anschrift, Ihr Ansprechpartner:</h4>" << LF;
    cout << "<center><table border=\"0\"cellpadding=\"2\" cellspacing=\"2\">" <<
    cout << "<tr><td><strong>Firma</strong></td><td>" << order.Firma << "</td></t
    cout << "<tr><td><strong>Ansprechpartner</strong></td><td>" << order.Ansprech
    cout << "<tr><td><strong>Abteilung</strong></td><td>" << order.Abt << "</td><
    cout << "<tr><td><strong>Straße</strong></td><td>" << order.Strasse << "</td>
    cout << "<tr><td><strong>PLZ/Ort</strong></td><td>" << order.Ort << "</td></t
```

117

```
    cout << "<tr><td><strong>Tel.: </strong></td><td>" << order.Tel << "</td></
    cout << "<tr><td><strong>Fax.: </strong></td><td>" << order.Fax << "</td></
    cout << "<tr><td><strong>e-mail: </strong></td><td>" << order.email << "</t
    cout << "</table></center>" << LF;

    return 0;
}


// Ausgabe der Ausgewählten Schulungen im
// HTML-Format auf der Standard-Ausgabe
int crOutputSchulung(const order_t &order)
{
    int i;

    // Ausgewählte Schulungen
    cout << "<h4>Ausgewählte Schulungen:</h4>" << LF;
    cout << "<div align=\"center\"><center><table border=\"0\"";
    cout << "cellpadding=\"5\" cellspacing=\"5\">" << LF;
    cout << "<tr><td align=\"left\"><strong>Schulung</strong></td>";
    cout << "<td align=\"left\"><strong>Anzahl Teilnehmer</strong></td></tr>"

    for(i = 0; i < order.NumSchulung; i++){
     cout << "<tr><td>" << order.SchulungName[i] << "</td>";
        cout << "<td align=\"center\">" << order.Anz << "</td></tr>" << LF;
    }
    cout << "</table></center></div>" << LF;

    return 0;
}



// Ausgabe eines Versteckten HTML-Formulars mit
// den Feldern der Variable order
// auf der Standard-Ausgabe zur Weiterverarbeitung
// durch das CGI-Script doorder.exe
int crOutputForm(const order_t &order)
{
    int i;

    // Abschickformular erzeugen
    cout << "<form action=\"../cgi-bin/doOrder.exe\" method=\"POST\" name=\"Bu

    for(i = 0; i < order.NumSchulung; i++){
     cout << "<input type=\"hidden\" name=\"SchulungName\" value=\"";
     cout << order.SchulungName[i] << "\">" << LF;
    }

    cout << "<input type=\"hidden\" name=\"Firma\" value=\"";
    cout << order.Firma << "\">" << LF;
```

```
cout << "<input type=\"hidden\" name=\"Ansprechpartner\" value=\"";
cout << order.Ansprechpartner << "\">" << LF;

cout << "<input type=\"hidden\" name=\"Abteilung\" value=\"";
cout << order.Abt << "\">" << LF;

cout << "<input type=\"hidden\" name=\"Strasse\" value=\"";
cout << order.Strasse << "\">" << LF;

cout << "<input type=\"hidden\" name=\"Ort\" value=\"";
cout << order.Ort << "\">" << LF;

cout << "<input type=\"hidden\" name=\"Tel\" value=\"";
cout << order.Tel << "\">" << LF;

cout << "<input type=\"hidden\" name=\"Fax\" value=\"";
cout << order.Fax << "\">" << LF;

cout << "<input type=\"hidden\" name=\"email\" value=\"";
cout << order.email << "\">" << LF;

cout << "<input type=\"hidden\" name=\"NumTeilnehmer\" value=\"";
cout << order.Anz << "\">" << LF;


cout << "<div align=\"center\"><center><table border=\"0\"" << LF;
cout << " cellpadding=\"0\" cellspacing=\"0\">" << LF;
cout << "<tr><td><input type=\"submit\" name=\"DoOrderBut\"";
cout << " value=\"jetzt Buchen\"></td></tr></table></center></div>" << LF;
cout << "</form>" << LF;

    return 0;
}

// HTML-Code für den "Zurück-Button" auf der
// Standard-Ausgabe ausgeben
int crOutputBackBut(const order_t &order)
{
    // BackButton
    cout << "<p align=\"left\"><a href=\"../Schulung/Buchung.html\">" << LF;
    cout << "<img src=\"../images/backbut.gif\" border=\"0\" width=\"100\" ";
    cout << " height=\"70\"></a></p><p align=\"left\"> </p>" << LF;

    return 0;
}



// einlesen der Standardeingabe bis zum Erscheinen des Zeichens
```

```
// delimiter
// Rückgabe der Eingelesenen Zeichen in der Variable word
string* readWord(string &word, char delimiter)
{
    word.read_to_delim(cin, delimiter);
    return &word;
}



int main(int argc, char *argv[]) {
    int err;

    cout <<"Content-type: text/html" <<  LF << LF;

    // Dokument Header Schreiben
    writeFile2stdout(HEAD_DOC);

    string str;
    order_t order;

    order.NumSchulung = 0;

#if !defined(DEBUG)
    readStdin(str);
#else
    str = argv[1];
#endif

    readToken(str, order);

    err = checkOrder(order);
    if(err){
     if( err & ERR_ADDR){
            crOutputAdr(order);
            crOutputSchulung(order);
//              crOutputForm(order);
            crOutputBackBut(order);
        } else {
         if(err & ERR_NUMSCHULUNG ||
                err & ERR_ANZTEILNEHMER){
                crOutputAdr(order);
                crOutputSchulung(order);
                crOutputBackBut(order);
            }
        }
    }else {
        crOutputAdr(order);
        crOutputSchulung(order);
        crOutputForm(order);
```

```
        crOutputBackBut(order);
    }

    writeFile2stdout(TAIL_DOC);

    return 0;
}
```

C.2. Quelltext des CGI-Scripts doorder.exe

```
/****************************************************************************
CGI-Script zum Versenden einer Online-Bestellung per Email.
Die Parameter müssen in der POST-Methode in der
Form URLencoded übergeben werden.

Das Programm postie.exe muß sich im gleichen Verzeichnis wie
dieses CGI-Sript befinden.

Datei:    doorder.cpp
Autor:    Alexander Behnke
Datum:    1.11.1997
Version:  1.0


****************************************************************************/


#include <stdio.h>
#include <stdlib.h>
#include <string.h>
#include <cstring.h>

#include <fstream.h>


// Debugschalter
// zum Programmtest DEBUG definieren
#undef DEBUG            1

#if defined(DEBUG)
#    define DEBUG_STR  "Firma=Zenk&Ansprechpartner=Herr+Zenk&\\
                       Abteilung=&Strasse=Hogenberg&Ort=Muenchen&\\
                       Tel=089/5807881&\\
                       SchulungName=NT+Server&\\
                       SchulungName=NT+Workstation&NumTeilnehmer=3"
#endif

#define LF   (char) 10    // LineFeed

#define MAX_NUMSCHULUNG    10    // maximale Anzahl der gleichzeitig
// bestellbaren Schulunen


#define HEAD_DOC  "doo_head.html"
#define TAIL_DOC  "doo_tail.html"


// File, in die die Bestellung geschrieben wird
#define ORDER_FILE  "orders.txt"


// Profile, daß die Einstellungen für die
// zu versendende Datei enthält
```

```
#define RECIPIENT_FILE "sendmail.ini"




typedef struct {
int NumSchulung;    // Anzahl der bereits enthaltenen Schulungen
string SchulungName[MAX_NUMSCHULUNG];
        string Firma;
        string Ansprechpartner;
        string Abt;
        string Strasse;
        string Ort;
        string Tel;
        string Fax;
        string email;
        string Anz;
} order_t;


// ProtoTypes
int processToken(const string &name, const string &val, order_t &order);
void readSendMailConf(string &recipient, string &SMTPhost);


// Schreiben der Datei mit dem Namen fileName auf
// die Standard-Ausgabe
int writeFile2stdout(const char *fileName)
{
   ifstream inF(fileName);
   char str[100];

   while(!inF.eof() && !inF.bad()){
    inF.getline(str, sizeof(str), 0);
    cout << str;
   }

   return 0;
}



// einlesen der Standard-Eingabe in den String aStr
string* readStdin(string &aStr)
{
   char *lpszTmp;
   string str;
   int len;
```

```
lpszTmp = getenv("CONTENT_LENGTH");
if(lpszTmp){
 len = atoi(lpszTmp);
    if(len){
     lpszTmp = new char[len];
            cin.get(lpszTmp, len, 0);
            aStr = lpszTmp;
            delete lpszTmp;
    }
 }
 return &aStr;
}


// extrahiert das erste Paar name=val aus dem Eingabestring in
// Der Wert vor dem Gleichheitszeichen wird in dem
// string name, der Wert nach dem Gleichheitszeichen wird in
// dem string val zurück gegeben.
int extract(const string in, string &name, string &val)
{
    int itmp;

    itmp = in.find("=", 0);
    if(itmp == NPOS)
     return NPOS;

    name = in.substr(0, itmp);
    val = in.substr(itmp+1, in.length());

    return itmp;
}


// Filtert HTML-Escape-Codes aus dem String str und
// wandelt diese in ASCII-Zeichen um
int filter(string &str)
{
    int i = 0;
    int j;
    char ch1, ch2;

    // + -> SPACE
    j = str.find("+", i);
    while(j != NPOS){
     str.replace(j, 1, " ");
        j = str.find("+", i);
    }

    // Escapes umwandeln
    j = str.find("%", i);
```

```
  while(j != NPOS){
    ch1 = str[j+1];
      ch2 = ch1 >= 'A'? ((ch1 & 0xdf) - 'A') + 10 : ch1 - '0';
      ch2 *= 16;
    ch1 = str[j+2];
      ch2 += ch1 >= 'A'? ((ch1 & 0xdf) -'A') + 10 : ch1 - '0';

    str.replace(j, 3, ch2);

      j = str.find("%", i);
  }

  return 0;
}


// readToken extrahier die einzelnen Paare Feldname=Wert aus
// dem Eingabestring in und füllt mit den erhaltenen Werten
// die Struktur order.
int readToken(string &in, order_t &order)
{
  int searchPos = 0;
  int itmp;
  string strtmp;
  string name, val;

  while(searchPos < in.length()){
    itmp = in.find("&", searchPos);
        if (itmp == NPOS){
         itmp = in.length();
        }
        strtmp = in.substr(searchPos, itmp - searchPos);
        searchPos = itmp + 1;

        extract(strtmp, name, val);
// sollte nicht nötig sein !!!
//        filter(name);
        filter(val);

        processToken(name, val, order);

  }

  return 0;
}

// processToken ordnet das Paar aus den Eingabeparametern name und
// val dem richtigen Feld in der Struktur order zu
int processToken(const string &name, const string &val, order_t &order)
{
```

```
if(name.contains("SchulungName")){
 order.SchulungName[order.NumSchulung++] = val;
       return 0;
}

if(name.contains("Firma")){
 order.Firma = val;
       return 0;
}

if(name.contains("Ansprechpartner")){
 order.Ansprechpartner = val;
       return 0;
}

if(name.contains("Abteilung")){
 order.Abt = val;
       return 0;
}

if(name.contains("Strasse")){
 order.Strasse = val;
       return 0;
}

if(name.contains("Ort")){
 order.Ort = val;
       return 0;
}

if(name.contains("Tel")){
 order.Tel = val;
       return 0;
}

if(name.contains("Fax")){
 order.Fax = val;
       return 0;
}

if(name.contains("email")){
 order.email = val;
       return 0;
}


if(name.contains("NumTeilnehmer")){
 order.Anz = val;
       return 0;
}
```

```
        return 0;
}

// Ausgabe der Buchungsinformationen für eine Schulung
// auf der Standard Ausgabe
// Eingangsparameter: order
int crOutputSchulung(const order_t &order)
{
    int i;

    // Ausgewählte Schulungen
    cout << "<div align=\"center\"><center><table border=\"0\"";
    cout << "cellpadding=\"5\" cellspacing=\"5\">" << LF;
    cout << "<tr><td align=\"left\"><strong>Schulung</strong></td>";
    cout << "<td align=\"left\"><strong>Anzahl Teilnehmer</strong></td></tr>" <<

    for(i = 0; i < order.NumSchulung; i++){
      cout << "<tr><td>" << order.SchulungName[i] << "</td>";
        cout << "<td align=\"center\">" << order.Anz << "</td></tr>" << LF;
    }
    cout << "</table></center></div>" << LF;

    return 0;
}


// erzeugt die HTML-Ausgabe auf der Standard-Ausgabe
// Eingangsvariable: order
int crOutput(const string &str, const order_t &order)
{
    int i;
    SYSTEMTIME systime;
    char tmpstr1[50];
    char tmpstr2[50];

    // Html ausgeben


    //    Adresse einfügen
    if(order.Ansprechpartner != ""){
     if(order.Ansprechpartner.contains("Herr")){
     cout << "<H4>Sehr geehter ";
        } else {
            if(order.Ansprechpartner.contains("Frau")){
     cout << "<H4>Sehr geehte ";
                } else {
     cout << "<H4>Sehr geehte(r) Frau/Herr ";
                }
        }
```

```
        cout << order.Ansprechpartner << "!</H4>" << endl;
}


    cout << "Vielen Dank für Ihren Auftrag.<BR>" << endl;
    cout << "Wir haben folgende Schulungen für Sie gebucht:" << endl;


    crOutputSchulung(order);


    cout << "In den nächsten Tagen erhalten Sie von uns eine Auftragsbestätigun,


    // BackButton
  einfügen
    cout << "<p align=\"left\"><a href=\"../Schulung/Buchung.html\">" << LF;
    cout << "<img src=\"../images/backbut.gif\" border=\"0\" width=\"100\" ";
    cout << " height=\"70\"></a></p><p align=\"left\"> </p>" << LF;


    return 0;
}


// einlesen der Standardeingabe bis zum Erscheinen des Zeichens
// delimiter
// Rückgabe der Eingelesenen Zeichen in der Variable word
string* readWord(string &word, char delimiter)
{
    word.read_to_delim(cin, delimiter);
    return &word;
}


// Erzeugen eines Files mit dem Namen FileName, aus der
// Variable order.
// Das erzeugte File wird anschließend per email an den
// eingestellten Empfänger versand
int crOutputFile(const char *FileName, const order_t &order)
{
    int i;
    SYSTEMTIME systime;
    char tmpstr1[50];
    char tmpstr2[50];

    ofstream orderFile(FileName, ios::out);


    // schreiben in das Buchungsfile
    GetLocalTime(&systime);
    GetDateFormat(LOCALE_SYSTEM_DEFAULT, 0, &systime,
        "ddd',' dd MMM yyyy", tmpstr1, sizeof(tmpstr1));
    GetTimeFormat(LOCALE_SYSTEM_DEFAULT, 0, &systime,
        "',' HH':'mm':'ss", tmpstr2, sizeof(tmpstr2));
```

```
//    orderFile << "BuchungStart" << endl;
      orderFile << "Buchungsdatum:   " << tmpstr1 << tmpstr2 << endl;
      orderFile << "Firma:           " << order.Firma << endl;
      orderFile << "Ansprechpartner: " << order.Ansprechpartner << endl;
      orderFile << "Abteilung:       " << order.Abt << endl;
      orderFile << "Strasse:         " << order.Strasse << endl;
      orderFile << "Ort:             " << order.Ort << endl;
      orderFile << "Tel:             " << order.Tel << endl;
      orderFile << "Fax:             " << order.Fax << endl;
      orderFile << "email:           " << order.email << endl;


      orderFile << "Schulungen:" << endl;


      for(i = 0; i < order.NumSchulung; i++){
       orderFile << "                 " << order.SchulungName[i] << "\t" << "Teilne
          orderFile  << order.Anz << endl;
      }
}


// versenden der Mail mit Hilfe des Programms postie.exe
int sendMail()
{
    STARTUPINFO startupinfo;
    PROCESS_INFORMATION procInfo;
    string str, recipient, SMTPhost;

    readSendMailConf(recipient, SMTPhost);
    str = (const char*)" -to:";
    str += recipient;
    str += (const char*)" -from:webserver@zenk.de";
    str += (const char*)" -file:";
    str += (const char*)ORDER_FILE;
    str += (const char*)" -s:\"Online-Schulungsbuchung\"";
    str += (const char*)" -host:";
    str += SMTPhost;



    GetStartupInfo(&startupinfo);
    startupinfo.lpTitle == NULL; // kein Fenster(titel) nötig

    CreateProcess("postie.exe",
 &str[0],
                    NULL,
                    NULL,
                    FALSE,
                    DETACHED_PROCESS,
                    NULL,
                    NULL,
```

```
                &startupinfo,
                &procInfo);
}


// Einlesen der Konfiguration für den Versand der Mail
// aus der Datei RECIPIENT_FILE
void readSendMailConf(string &recipient, string &SMTPhost)
{
char s[255], iniFileName[255];

        GetCurrentDirectory(sizeof(iniFileName), iniFileName);
        strcat(iniFileName, "\\");
        strcat(iniFileName, RECIPIENT_FILE);

if(GetPrivateProfileString("mail", "orders_to", "webmaster@zenk.de",
        s, sizeof(s), iniFileName)){
        recipient = s;
        }

if(GetPrivateProfileString("mail", "SMTPhost", "localhost",
        s, sizeof(s), iniFileName)){
        SMTPhost = s;
        }

}


main(int argc, char *argv[]) {

    cout <<"Content-type: text/html" <<  LF << LF;

    // Dokument Header Schreiben
    writeFile2stdout(HEAD_DOC);

    string str;
    order_t order;

    order.NumSchulung = 0;

#if !defined(DEBUG)
    readStdin(str);
#else
    str = DEBUG_STR;
#endif

    readToken(str, order);


    crOutput(str, order);
```

```
writeFile2stdout(TAIL_DOC);

crOutputFile(ORDER_FILE, order);
sendMail();

return 0;
}
```

D. Literaturverzeichnis

[1] National Computer Security Association. NCSA: 1996 Coputer Virus Prevalence Survey. World Wide Web; http://www.trendmicro.com/products/ncsa96v2.html, 1996.

[2] R. Attkinson. IP Authentication Header. RFC 1826, August 1995.

[3] R. Attkinson. IP Encapsulation Security Payload (ESP). RFC 1825, August 1995.

[4] R. Attkinson. Security Architekture for the Internet Protocol. RFC 1825, August 1995.

[5] A. Aziz, T. Markson, and H. Prafullchandra. Simple Key-Management For Internet Protocols (SKIP). Draft RFC, August 1996. draft-ietf-ipsec-skip-07.txt.

[6] Tim Berners-Lee. Information Management: A Proposal. CERN; World Wide Web; http://www.w3.org/History/1989/proposal.html, 1989.

[7] Tim Berners-Lee. A Unifiying Syntax for the Expression of Names and Addresseses of Objects on the Network as used in the World-Wide Web. RFC 1994, Juni 1994. IETF/Network Working Group.

[8] Tim Berners-Lee and D. Connolly. HyperText Markup Language 2.0. RFC 1866, November 1995. IETF/Network Working Group.

[9] Tim Berners-Lee, R. Fielding, H. Frystyk, J. Gettys, and J. Mogul. Hypertext Transfer Protocol – HTTP/1.1. RFC 2068, Jannuar 1997. IETF/Network Working Group.

[10] N. Borenstein and N Freed. MIME (Multipurpose Internet Mail Extensions). RFC 1521, September 1993. Bellcore / Innersoft.

[11] Mike Bremford. Ping o'Death Page. World Wide Web; http://www.pp.asu.edu/support/ping-o-death.htm, November 1996.

[12] Common Gateway Interface Specification, Version 1.1. National Center for Super Computing; WWW; http://hoohoo.ncsa.uiuc.edu/cgi/.

[13] David H. Crocker. Standard for the format of ARPA Internet Text Messages. RFC 822, August 1982. Univ. of Delaware/Dept. of Electrical Engineering.

[14] Cascading Style Sheets, level 1 ,W3C Recommendation. WWW; http://www.w3.org/pub/WWW/TR/REC-CSS1, Dezember 1996. World Wide Web Consortium.

[15] S. Deering and R. Hinden. Internet Protocol, Version 6 (IPv6) Specification. RFC 1883, December 1995.

[16] LeasedLink, Preisübersicht. Deutsche Telekom AG, März 1997.

[17] Dr. Peter Dietrich. *Grundlagen der UNIX Systemverwaltung*. Rechenzentrum der Universität Würzburg, Am Hubland, D-97074 Würzburg, Mai 1996.

[18] Stephan Ehrmann, Andreas Beier, and Jo Bager. Auf Knopfdruck Web - HTML-Editoren mit Site-Management-Funktionen. *ct - Magazin für Computer und Technik*, Nr. 15:S. 170ff, 1997.

[19] Uwe Ellermann. Ein Firewall am Fachbereich Informatik. Universität Hamburg, Dezember 1993.

[20] EUnet Schematic Topology Diagram. WWW; http://www.eunet.com/cinfo/map/display-map.html.

[21] FireWall-1 Performance on Sun Solaris and Windows NT. World Wide Web; http://www.checkpoint.com/products/technolgy/pdata_sol_nt.html.

[22] *CheckPoint FireWall-1; FireWall-1 Architecture and Administration; Version 3.0.* Ramat Gan 52520, Israel, Jannuar 1997.

[23] W3C HTML Working Group. HTML 3.2 Reference Specification. World Wide Web; http://www.w3.org/TR/REC-html32, Jannuar 1997.

[24] W3C HTML Working Group. HTML 4.0 Specification. World Wide Web; http://www.w3.org/TR/REC-html40, Dezember 1997.

[25] P. Holbrook and J. Reynolds. Site Security Handbook. RFC 1244, Juli 1991. IETF/Network Working Group.

[26] Olaf Kirch. The Linux Network Administrators Guide. DVI-File unter GNU Public License, 1994.

[27] Klaus-Peter Kossakowski. Sicherheit im Deutschen Forschungsnetz. In *DFN-Bericht*, Nr. 75. DFN-CERT, Hamburg (Hrsg.), July 1994.

[28] Ed Krol. *The Whole Internet User's Guide & Catalog.* O'Reilly & Associates, Inc., Sebastopol CA, USA, 1992.

[29] Jürgen Kuri. Modenschau - Nutzen und Nutzung von Web-Server-Software. *ct - Magazin für Computer und Technik*, Nr. 3:S. 160ff, 1997.

[30] Thomas Lopatic. A New Fragmentation Attack. World Wide Web; http://www.dataprotect.com/ntfrag/, Juli 1997.

[31] D. Maughan, M. Schertler, M. Schneider, and J. Turner. Internet Security Association and Key Management Protocol (ISAKMP). Draft RFC, November 1996. draft-ietf-ipsec-isakmp-06.txt.

[32] *Network Drivers - Design Guide.* Redmond, Washington 98052, USA, Oktober 1996. Microsoft Developer Network Library.

[33] David Newman, Helen Holzaur, and Bishop Kathleen. Firewalls: Don't Get Burned. *Data Communications International*, Vol. 26(No. 4):128ff, März 1997.

[34] Jakob Nielsen. Top Ten Mistakes in Web Design. Jakob Nielsens Alertbox; WWW; http://www.usio.com/alertbox/9605.html, Mai 1996.

[35] *Novell ODI Specification: NetWare Protocol Stacks and MLIDs (C Language).* Provo, Utah 84606, USA, August 1994. Version 1.00.

[36] Phrack Magazine. World Wide Web; http://www.fc.net/phrack.

[37] David C. Plummer. An Ethernet Address Resolution Protocol. RFC 826, November 1982.

[38] J. Postel. Transmission Control Protocol. RFC 761, Jannuar 1980.

[39] J. Postel. User Datagram Protocol. RFC 768, August 1980.

[40] J. Postel. Simple Mail Transfer Protocol. RFC 821, August 1982. USC/Information Sciences Institute.

[41] J. Postel and J. Reynolds. Assigned Numbers. RFC 1700, Oktober 1984.

[42] J. Romkey. A nonstandard for transmision of IP datagrams over serial lines: SLIP. RFC 1055, Juni 1988. IETF/Network Working Group.

[43] Muftic Sead. *Sicherheitsmechanismen für Rechnernetze*. ISO/TC 97/SC 21/WG 16.1 (Ad Hoc Group on Security), 1992.

[44] Peter Siering and Dirk Brenen. Volle Kanne - Angebote und Leistungen der Internet Service Provider. *ct - Magazin für Computer und Technik*, Nr. 8:S. 128ff, 1997.

[45] W. Simpson. Point-to-Point Protocol (PPP). RFC 1661, Juli 1994. IETF/Network Working Group.

[46] W. Richard Stevens. *Programmierung von Unix-Netzen*. Carl Hanser Verlag München, Wien, 1992.

[47] Petra Vogt. Designertricks - Tips zur besseren Gestalltung von Websites. *ct - Magazin für Computer und Technik*, Nr. 13:S. 246ff, 1997.

[48] Andreas Zenk. *Lokale Netze - Kommunikationsplatform der 90er Jahre*. Addison Wesley Longman Verlag GmbH, Bonn, 1996.

[49] IT-Sicherheitskriterien: Kriterien für die Bewertung der Sicherheit von Systemen der Informationstechnik(IT). Zentralstelle für die Sicherheit in der Informationstechnik, 1989.

Diplomarbeiten Agentur

Die Diplomarbeiten Agentur vermarktet seit 1996 erfolgreich Wirtschaftsstudien, Diplomarbeiten, Magisterarbeiten, Dissertationen und andere Studienabschlußarbeiten aller Fachbereiche und Hochschulen.

Seriosität, Professionalität und Exklusivität prägen unsere Leistungen:
- Kostenlose Aufnahme der Arbeiten in unser Lieferprogramm
- Faire Beteiligung an den Verkaufserlösen
- Autorinnen und Autoren können den Verkaufspreis selber festlegen
- Effizientes Marketing über viele Distributionskanäle
- Präsenz im Internet unter **http://www.diplom.de**
- Umfangreiches Angebot von mehreren tausend Arbeiten
- Großer Bekanntheitsgrad durch Fernsehen, Hörfunk und Printmedien

Setzen Sie sich mit uns in Verbindung:

Diplomarbeiten Agentur
Dipl. Kfm. Dipl. Hdl. Björn Bedey –
Dipl. Wi.-Ing. Martin Haschke ––––
und Guido Meyer GbR –––––––––

Hermannstal 119 k ––––––––––
22119 Hamburg –––––––––––

Fon: 040 / 655 99 20 –––––––
Fax: 040 / 655 99 222 ––––––

agentur@diplom.de –––––––––
www.diplom.de ––––––––

Diplomarbeiten Agentur

www.diplom.de

- **Online-Katalog**
  mit mehreren tausend Studien

- **Online-Suchmaschine**
  für die individuelle Recherche

- **Online-Inhaltsangaben**
  zu jeder Studie kostenlos einsehbar

- **Online-Bestellfunktion**
  damit keine Zeit verloren geht

**Wissensquellen
gewinnbringend nutzen.**

**Wettbewerbsvorteile
kostengünstig verschaffen.**

www.ingramcontent.com/pod-product-compliance
Lightning Source LLC
Chambersburg PA
CBHW031222050326
40689CB00009B/1432